Hochzeitsreden

Imke Ehlers

Hochzeits-
reden

**Über 60 Musterreden für
Ihren schönsten Tag
und alle Ehejubiläen**

**Zum Thema bereits
erschienen:**

Sybil Gräfin Schönfeldt
Die schönsten
Hochzeitsbräuche
1000 Ideen für
Ihren großen Tag
ISBN 3-332-01187-1

Ingeborg Düffert
Spiel und Spaß für
Hochzeitsfeiern
ISBN 3-332-01234-7

Mechthild Aderholz
Der perfekte
Hochzeitsplaner
So gelingt Ihr
schönstes Fest
ISBN 3-332-01085-9

Andrea Klein
So gelingt Ihre
Hochzeitszeitung
Redaktion –
Gestaltung – Kosten –
Texte – Bilder
ISBN 3-332-00531-6

Kerstin Weidlich-Huth
Wir feiern Hochzeit
Wie das schönste
Fest gelingt
ISBN 3-332-01027-1

Gertrud Teusen
Wir feiern
Silberhochzeit
Mit Tipps für weitere
Hochzeits-Jubiläen
ISBN 3-332-01127-8

Gerald Drews
Festreden
Von der Geburt bis
zum 100. Geburtstag
ISBN 3-332-01188-X

Ingeborg Düffert
Kleines Vortragsbuch
für Familienfeste
Verse – Lieder – Spiele
– Sketsche – Rätsel
ISBN 3-332-00532-4

Die Autorin: Imke Ehlers verfasste erfolgreiche Ratgeber und zahlreiche Zeitungs- und Zeitschriftenartikel. Sie lebt als freie Autorin, Lektorin und Kuratorin in Berlin.

Die Deutsche Bibliothek – CIP-Einheitsaufnahme
Ein Titeldatensatz für diese Publikation ist bei
Der Deutschen Bibliothek erhältlich.
www.dornier-verlage.de   www.urania-verlag.de

1. Auflage August 2001
© 2001 Urania Verlag, Berlin
Der Urania Verlag ist ein Unternehmen der
Verlagsgruppe Dornier.

Die Schreibweise entspricht den Regeln der neuen Rechtschreibung.

Umschlaggestaltung: Behrend & Buchholz, Hamburg
Redaktion: Martin Rundel
Gestaltung und Satz: Patricia Müller, Berlin
Druck: Westermann Druck Zwickau
Printed in Germany

Wir danken für Abdruckgenehmigungen: Seite 30: Ernst Jandl, „falsch", aus: Ernst Jandl, poetische werke, hrsg. von Klaus Siblewski, Band 8 (der gelbe hund & selbstporträt des schachspielers als trinkende uhr), S. 126, © 1997 Luchterhand Literaturverlag GmbH, München; Seite 34: Liesl Ujvary, „Was die Welt zusammenhält", aus: Blauer Streusand, st 1432, © Suhrkamp Verlag Frankfurt 1987; Seite 43: Günter Bruno Fuchs, „Freundesgruß", aus: Günter Bruno Fuchs, Gesammelte Werke Band 2, Gedichte und kleine Prosa, herausgegeben und mit einem Nachwort von Wilfried Ihrig, © 1992 Carl Hanser Verlag, München – Wien; Seite 87: aus: Fritz Vahle, Das Wasser kam den Fischen zuvor – Erinnerungen, Einfälle, Konzeptionen und Zwischentexte. Aufzeichnungen eines Malers, © Scherpe Verlag Krefeld 1975, Greifenhorst Druck Nr. 11, Seite 193; Seite 104: Hermann Hesse, „Voll Blüten", aus: Hermann Hesse, Die Gedichte, © Suhrkamp Verlag Frankfurt 1970; Seite 108: aus: Sándor Márai, Himmel und Erde. Betrachtungen, © Piper Verlag GmbH, München 2001; Seite 111: Else Lasker-Schüler, „Wenn du sprichst", aus: Else Lasker-Schüler, Gesammelte Werke, Band 1: Gedichte, © Suhrkamp Verlag Frankfurt 1996

Gedruckt auf alterungsbeständigem Papier mit chlorfrei gebleichtem Zellstoff.

ISBN 3-332-01244-4

9 Vorwort: Liebe Leserin, lieber Leser...

11 **Kleine Redner-Schule**
12 Tipps und Tricks für eine gelungene Rede
12 Reden zu privaten Feierlichkeiten
13 Das Material sammeln und ordnen
15 Gliederung und Formulierung der Rede
17 Der Einsatz von rhetorischen Mitteln
20 Der gute Redestil und seine Tücken
20 Der Vortrag
21 · Einstudieren der Rede
21 · Redegeschwindigkeit
22 · Körpersprache
22 · Organisation

23 **Reden zur grünen Hochzeit**
24 Ansprache des Brautvaters (1)
25 Ansprache des Brautvaters (2)
27 Rede der Brautmutter
28 Rede des Vaters des Bräutigams
30 Rede der Mutter des Bräutigams
31 Rede eines Trauzeugen
32 Rede des Großvaters der Braut
34 Rede der Großmutter des Bräutigams
36 Rede einer Schwester der Braut
37 Rede eines Bruders des Bräutigams
38 Rede einer guten Freundin der Braut
39 Rede eines guten Freundes des Bräutigams
40 Rede eines guten Freundes der Familie
41 Dankesrede des Bräutigams
42 Dankesrede der Braut
43 Der Bräutigam spricht zur Braut

45   **Endlich den Mut gehabt:**
     Reden für lang zusammenlebende Paare
46   Rede des Brautvaters
48   Rede der Mutter des Bräutigams
49   Rede eines Freundes
50   Rede einer Trauzeugin

51   **Multikulturelle Hochzeitsfeier**
52   Rede des Brautvaters
53   Rede der Mutter des Bräutigams
55   Rede eines Freundes
57   Rede der Schwester der Braut

59   **Reden zur zweiten oder weiteren Eheschließung**
60   Ansprache des Sohnes des Bräutigams
61   Rede der Tochter der Braut
63   Ansprache eines Trauzeugen
64   Eine Freundin der Braut spricht

65   **Die Patchworkfamilie**
66   Ansprache der Tochter/des Sohnes des Bräutigams
67   Ansprache der Tochter/des Sohnes der Braut
68   Rede eines Trauzeugen

69   **Reden verschiedener Gratulanten**
70   Der Chef spricht
71   Gratulation der Kollegen

73   **Tisch- und Begrüßungstoasts**

74   Toast des Brautvaters

76   Toast der Brautmutter

77   Toast des Vaters des Bräutigams

78   Toast der Mutter des Bräutigams

79   **Ansprachen zur silbernen Hochzeit**

80   Rede des Sohnes

82   Rede der Tochter

83   Rede der Schwiegertochter

85   Ansprache eines Bruders des Ehemanns

87   Rede der Mutter der Ehefrau

88   Ein damaliger Trauzeuge spricht

89   Rede des Ehemanns

90   Ansprache der Ehefrau

91   **Reden zur goldenen Hochzeit**

92   Rede eines Sohnes

94   Rede einer Tochter

95   Rede der Schwiegertochter

96   Ansprache eines Enkels

98   Ein Freund des Jubiläumspaares spricht

100 Dankesrede des Ehepaares

101   **Weitere Ehejubiläen**

102   Rede des Vaters zum fünften Hochzeitstag

103   Rede eines Freundes zum zehnten Hochzeitstag

104   Rede einer Freundin zum 15. Hochzeitstag

105   Rede des Sohnes zum 20. Hochzeitstag

106   Rede eines Kindes zum 60. Hochzeitstag

108   Rede eines Freundes zum 65. Hochzeitstag

109   **Zitate, Hochzeitsverse, Ehejubiläen**

110   Liebe und Ehe auf den Punkt gebracht

111   Hochzeitsverse

112   Ehejubiläen

Liebe Leserin, lieber Leser,

„Zur Sache, wenn's beliebt."
Hier stock ich schon. „Wenn's beliebt?"

Ein Schiller-Zitat, dessen Aussage durch dieses Buch entkräftet werden soll. Denn Ihnen, den zukünftigen Rednerinnen und Rednern, kann die Scheu vor einer Ansprache genommen werden. Ja, Sie werden feststellen, eine Rede zu formulieren und zu halten, ohne dabei ins „Stocken" zu geraten, ist eine so große Sache nicht.

Eine Hochzeit, einer der schönsten Tage im Leben der Brautleute, oft auch der Eltern und vieler Freunde, was wäre dieses Fest ohne Reden? Reden gehören einfach dazu, sie lockern die Stimmung auf, sie amüsieren während des mehrgängigen Festmahles, und sie geben Gelegenheit, auch noch einmal ein paar ernste Worte an das Paar zu richten.
   Aber nicht nur die Gäste, sondern auch die Brautleute sind gefordert, auf der eigenen Hochzeit einige dankende Worte an die Gäste und Freunde zu richten.

Bevor wir Ihnen eine große Auswahl an Musterreden anbieten, erfahren Sie, wie Sie eine Rede vorbereiten und worauf Sie dabei und bei Ihrem Vortrag selbst zu achten haben. Im letzten Teil des Buches finden Sie eine Reihe von Zitaten, die sich passend zum Anlass sehr gut in eine Rede einfügen lassen. Auch wenn Sie zum ersten Mal eine Rede halten sollen, brauchen Sie keine Angst haben, denn niemand wird von Ihnen erwarten, dass Sie rhetorisch perfekt sind. Redner, die schon über Übung verfügen, können unserem Buch sicherlich die eine oder andere Anregung entnehmen. Als Anfänger wie als Fortgeschrittener wollen wir Ihnen behilflich sein, dass Sie Ihren Zuhörern positiv im Gedächtnis haften bleiben.

Viel Spaß und viel Erfolg!

Imke Ehlers

Kleine Redner-Schule

Eine Rede schreiben: Wie beginnen?
Worüber genau soll ich sprechen?
Wie und wo bekomme ich Material für
meine Rede? Ein passendes Zitat? Wie
aufhören?

Eine Rede halten: Wie kriege ich das
Lampenfieber in den Griff? Spreche
ich zu schnell? Wen schaue ich beim
Sprechen an?

Antworten auf Ihre Fragen finden Sie in
dieser kleinen Redner-Schule.

Tipps und Tricks für eine gelungene Rede

In diesem Kapitel möchten wir Ihnen einige wesentliche Tipps und auch Tricks für eine gelungene Rede vermitteln.

Übung macht den Meister.

Eine gute Rede zeichnet sich nicht durch die Begabung des Redners, sondern durch die Übung, die er hat, aus. Die Kunst der Rede ist also zu erlernen. Nun, bestimmte Regeln müssen Sie dafür einhalten, und wenn Sie früh genug mit der Arbeit an der Rede beginnen, können Sie den Vortrag üben und so an Sicherheit gewinnen. Folgen Sie unserer Anleitung, und Sie werden sehen, dass Ihre Angst vor einer Ansprache grundlos ist.

Reden zu privaten Feierlichkeiten

Die Argumente schweigen, Gefühle sind gefragt.

Eine Rede zu einer privaten Feier im Familien- oder Freundeskreis unterscheidet sich deutlich von Reden, die zu öffentlichen Anlässen gehalten werden. Die Rede im Kreis der Familie oder der Freunde soll persönlich sein, sie kann eigene Empfindungen und Stimmungen übermitteln. In einer solchen Ansprache sollen Gefühle dominieren, nicht Argumente, persönliche Eindrücke vermögen hier weit mehr zu vermitteln als sachliche Informationen.

Festlich, lustig, aber bitte nicht förmlich!

Wenn Sie auf einer Hochzeitsfeier das Wort erheben, denken Sie daran, dass sie mit Ihrer Rede die Feier für das Paar schöner gestalten wollen. Ihre Ansprache sollte immer auch zur Auflockerung der Stimmung beitragen, von daher ist eine förmliche Ansprache ganz und gar unangebracht. Selbstverständlich können Sie Ihrem Vortrag auch eine festliche Note verleihen.

Anekdoten und Zitate.

Anekdoten und lustige Begebenheiten aus dem Singledasein der Brautleute eignen sich ebenso wie Zitate für eine Rede. Ganz wichtig ist, dass Sie Worte finden, die zu Ihnen passen,

**In der Kürze
liegt die Würze.**

versuchen Sie also nicht, besonders festlich zu sprechen, wenn Sie eher ein lustiger Typ sind, und umgekehrt. Um Ihre Zuhörer nicht zu strapazieren, sollten Sie darauf achten, dass Ihre Ansprache in keinem Fall zu lang gerät. Mit einer kurzen Rede werden Sie den größten Erfolg haben, außerdem lassen Sie auch anderen Rednern Raum, ihren Gedanken und Gefühlen Ausdruck zu geben.

Das Material sammeln und ordnen

Ein Thema finden.

Eine Rede, besonders eine kurze, bedarf einer gründlichen Vorbereitung. Wenn Sie sich entschlossen haben oder aber dazu aufgefordert worden sind, eine Ansprache zu halten, sollten Sie umgehend mit der gedanklichen Auseinandersetzung beginnen. Für Ihre Ansprache benötigen Sie ein Thema, Sie müssen eine These formulieren und eine Zielvorstellung haben, d. h. Sie müssen klären, wohin Sie, worauf Sie hinaus wollen.

**Das Material:
Erinnerungen,
Anekdoten, Zitate.**

Bei einem Anlass wie einer Hochzeit haben Sie zahlreiche Möglichkeiten, eine Rede zu gestalten. So können Sie beispielsweise Ihre Ansprache um eine persönliche Erinnerung mit dem Brautpaar herum aufbauen, Sie können darüber sprechen, wie sich das Paar kennen gelernt hat, oder Sie können ein Zitat über die Liebe heranziehen. Selbstverständlich können Sie auch einen Ausblick auf die Ehe geben. Zunächst einmal ist es wichtig, dass Sie alle Gedanken, die Ihnen in den Sinn kommen, sammeln und notieren. Um genügend Material zur Verfügung zu haben, sollten Sie in Büchern, Zeitungen und Zeitschriften zum Thema Ehe recherchieren, der Weg in eine Bibliothek lohnt sich in jedem Fall. Ihre Recherche kann sich auch auf die nahen Verwandten und auf die Freunde der Brautleute ausdehnen. Auf diesem Wege werden Sie sicher einiges Persönliche über das Brautpaar erfahren und eine Fülle von Erinnerungen

**Recherchen in
Sachen Ehe.**

Einen Aufhänger finden, ohne das Thema zu verfehlen.

und Anekdoten zusammentragen können. Eine weitere Möglichkeit besteht darin, das Leben der Brautleute bis zum Zeitpunkt ihres Kennenlernens sowie das Kennenlernen selbst zu thematisieren. Überprüfen Sie, ob vielleicht am Tag, als sich das Paar zum ersten Mal begegnete, etwas Aufsehen erregendes in der Welt passiert ist, denn dies könnte auch ein Aufhänger für ein Redethema sein. Bei solchen oder ähnlichen Aufhängern müssen Sie dann allerdings einen Brückenschlag zum Brautpaar finden. Eine Recherche über Liebespaare in der Literatur-, Film- und Zeitgeschichte kann Ihnen vielleicht auch weiterhelfen.

Dies sind einige Möglichkeiten, die Sie haben. Sie sehen, allein die Auswahl eines Themas erfordert seine Zeit.

Stoff sammeln und ordnen.

Wenn Sie sich für ein Thema entschieden haben, beginnt die eigentliche Material- und Stoffsammlung. Notieren Sie alles, was Ihnen zu Ihrem Thema einfällt. Zitate und Bonmots aus anderen Quellen sollten Sie markieren, damit es nicht zu Verwechslungen kommt und Sie aus Versehen ein Zitat als eigenen Gedanken ausgeben. Ein Hinweis zu Zitaten:

Prüfen Sie Zitate auf Ihre Frische!

Integrieren Sie möglichst ein nicht so bekanntes, denn viele Lebensweisheiten und Sprichwörter gerade im Zusammenhang mit der Liebe sind schon sehr abgedroschen.

Als nächster Schritt folgt nun die Gliederung der Rede als eine Art Gerüst oder Bauplan, anhand dessen Sie Ihren Redetext unter Einbeziehung der Stichworte und Zitate formulieren können.

Gliederung und Formulierung der Rede

Die Aufmerksamkeit der Zuhörer gewinnen.

Das Wichtigste bei einer Rede ist der Einstieg. Wie beginnen Sie, um nicht nur das Brautpaar, sondern alle Gäste als Zuhörer zu gewinnen? Achten Sie darauf, dass Sie sich bei der Begrüßung, bei der Anrede, kurz fassen. Beginnen Sie beispielsweise gezielt mit der Anrede des Brautpaares und seiner Gäste, verzichten Sie aber auf eine umständliche Aufzählung aller Anwesenden nach dem Motto: „Sehr geehrte Verwandte, liebe Freunde und Bekannte ...“

Die Rede mit einem prägnanten Auftakt beginnen.

Schon durch die Einleitung sollte Ihre Rede die Zuhörer in ihren Bann ziehen. Hierzu haben Sie unterschiedliche Möglichkeiten. Zum Beispiel können Sie Ihre Zuhörer direkt ansprechen: „Liebe Sabine, lieber Markus ...“ Eine andere Möglichkeit wäre, mit einem interessanten oder sehr lustigen Zitat einzusteigen. Da der Anlass Ihrer Rede ein persönlicher ist, können Sie auch Ihre Gefühle formulieren; eine Anekdote aus dem Leben der Brautleute zu erzählen, ist ebenfalls ein schöner Auftakt.

Den Hauptteil als Mitteilung von allgemeinen Gedanken oder erzählend gestalten. Und immer mit Gefühl!

Nach der Einleitung kommt das Herzstück Ihrer Rede, der Hauptteil. Er muss alles beinhalten, was Sie zu dem von Ihnen gewählten Thema sagen wollen. Ist in der Einleitung ein Stichwort gefallen, das auf das Thema des Hauptteils verweist, so greifen Sie dieses Stichwort nun wieder auf. Da Sie bei einer Festrede nicht argumentieren müssen – Sie brauchen ja niemanden zu überzeugen –, haben Sie hier, wie schon in der Einleitung, die Möglichkeit, Ihren Gefühlen Ausdruck zu verleihen. Wenn Sie als Thema die Ehe im Allgemeinen ausgewählt haben, so sollten Sie immer wieder eine Beziehung zum Brautpaar herstellen. Denn eine Hochzeitsrede ist etwas sehr Persönliches. Spricht der Bräutigam oder die Braut, sollte im Hauptteil der Rede ebenfalls den Gefühlen Ausdruck verliehen werden. Selbstverständlich ist es auch möglich, die eigenen Gedanken zur Ehe darzustellen oder aber ein wenig aus dem „Nähkästchen" zu plaudern.

Damit jeder merkt, wenn es zu Ende ist.

Der Schluss einer Rede kann einen kurzen Ausblick auf die Zukunft geben. In jedem Fall ist es wichtig, einen prägnanten Schlusspunkt für Ihre Zuhörer zu setzen, damit keiner wartet oder zweifelt, ob Sie noch weiter sprechen. Eine gute Möglichkeit ist es, das Ende mit einem Zitat zu markieren. Häufig schließt man Festreden mit einer Gratulation oder einem Toast ab, entscheiden Sie sich dafür, müssen Sie darauf achten, dass es Ihrem Redestil angemessen formuliert ist. Werden Sie nicht zu feierlich, wenn Sie eine heitere Ansprache gehalten haben. Haben bereits andere Redner vor Ihnen mit einem Trinkspruch geschlossen, variieren Sie Ihren Abschluss.

Tipps für die Rede insgesamt: beim Thema bleiben, Rücksicht auf den Zuhörerkreis nehmen, kurz fassen.

Die grundsätzliche Gliederung Ihrer Rede kann identisch sein mit der eines Aufsatzes, so wie es jeder Schüler einmal in der Schule gelernt hat. Nehmen Sie bei Ihrer Gliederung immer auf Folgendes Rücksicht:

Das Thema: nie zu weit abschweifen, zu jeder Zeit die Bedeutung des Gesagten für das Thema im Auge behalten.
Den Zuhörerkreis: welches inhaltliche Vorwissen hat er? Was und auf welche Weise wollen Sie ihm etwas mitteilen?
Die Zeitdauer: Bevor Sie mit dem Formulieren beginnen, ist es wichtig zu entscheiden, wie lange Sie reden wollen. Falls es möglich ist und Sie Ihre Rede nicht als große Überraschung planen, sprechen Sie mit den Organisatoren der Hochzeitsfeier ab, für wann Ihre Rede geplant ist und wie viel Zeit Ihnen eingeräumt wird. Ist eine Entscheidung über den Zeitrahmen nicht möglich, sollten Sie sich in jedem Fall auf eine kürzere Rede einstellen. Eine Festrede sollte maximal 10 Minuten lang

sein. Stecken Sie sich aber lieber einen kurzen Rahmen von 3 bis 5 Minuten. Diese Zeitdauer – Sie können es glauben – ist bereits sehr lang. Merken Sie sich, je kürzer eine Rede ist, desto aufmerksamer wird man Ihnen zuhören.

Was den Inhalt der Rede anbelangt, so ist dieser durch das Thema, durch das dazu passende und in Stichworten geordnete Material sowie durch die Gliederung vorgegeben. Beim Formulieren Ihrer Rede sollten Sie von einem Stichwort zum nächsten gehen. Achten Sie darauf, dass Sie kurze Sätze bilden, diese sind dann beim Vortrag leichter zu sprechen. Der eigentliche Pfiff kommt jedoch nicht so sehr durch das Was sondern viel mehr durch das Wie der Formulierung, durch bestimmte rednerische oder „rhetorische" Mittel in die Rede.

Der Einsatz von rhetorischen Mitteln

Keine Kunst ohne Regeln.

Die Rhetorik (griechisch: rhetorike techne = Technik des Redens oder die Kunst, im richtigen Moment das richtige Wort in der korrekten Art und Weise zu sagen) hat, wie jede andere Wissenschaft auch, ihre grundsätzlichen Regeln.

Der Körper spricht mit.

Eine Rede zeichnet sich durch eine Kombination von verbalen (in Worten formulierten) und nonverbalen (in Gesten, Mimik formulierten) Bestandteilen aus. Die verbalen und die nonverbalen Aussagen einer Rede müssen deckungsgleich sein, d. h. die gesprochenen Worte sollen beim Vortrag mit der Körpersprache des Redners übereinstimmen. Stellen Sie sich einmal vor, Sie berichten vom Kennenlernen des Brautpaares, also einer glücklichen Zeit, mit niedergeschlagenen Augen, ja sogar mit gesenktem Kopf und leiser Stimme. Keiner würde Ihnen das abnehmen, denn verbale und nonverbale Aussagen harmonieren in diesem Falle nicht.

Rhetorik ist keine Hexerei.

Nicht nur der Profi, sondern jeder, der eine Rede schreiben und halten will, kann rhetorische Mittel, rednerische Stilmittel, einsetzen, um die Rede anschaulicher, eindringlicher und spannender zu gestalten. Die wesentlichen rhetorischen Mittel sind Metaphern (einzelne Bilder oder ganze Bildreihen), Beispiele, Vergleiche, Wiederholungen, Zitate und Über-raschungen. Hier eine kleine für Festreden geeignete Auswahl:

In Bildern sprechen.

Abstrakte und schwer verständliche Sachverhalte lassen sich häufig mithilfe von Metaphern, also von Bildern, ausdrücken: „Ich freue mich, dass ihr in den Hafen der Ehe eingelaufen seid." Oder: „Wir wünschen euch, dass das Feuer eurer Liebe nie erlischt."

Beispiele

Tipps, Gedanken und Meinungen in Bezug auf ein bestimmtes Thema können anhand von Beispielen verdeutlicht werden. Erzählen Sie ein reale oder fiktive Geschichte, um die Richtigkeit eines Ratschlags zu beweisen oder eine Hoffnung zu begründen. Ihre Rede wird dadurch sehr viel lebendiger.

Wiederholungen

Die Wiederholung als rhetorisches Mittel dient dazu, einen Gedanken besonders hervorzuheben. Sie können einzelne Worte oder auch ganze Textpassagen wiederholen: „Ich wünsche euch von ganzem Herzen, dass ihr glücklich werdet, glücklich miteinander, dass ihr ein Leben führen werdet, das von Liebe und Glück bestimmt wird." Eine einprägsame Variante der Wiederholung besteht darin, bereits Gesagtes nicht direkt zu wiederholen, sondern es in Synonyme zu kleiden, also in ähnlichen Worten zu umschreiben.

Zitate

Den Einsatz von Zitaten haben wir schon mehrfach erwähnt, sie können, gut gesetzt, Ihren Vortrag unterstreichen, auf-lockern und ihm Pfiff geben. Sie haben eine reiche Auswahl an Möglichkeiten, Zitate zu finden. Es gibt zahlreiche Bücher mit Zitatsammlungen, und im Internet werden Sie ebenfalls fündig, zum Beispiel unter http://www.zitate.net.

Mit Gegensätzen arbeiten.

Eindringlich und wirksam können Sie auch etwas mithilfe eines Gegensatzes oder durch eine Kreuzstellung formulieren: „Einfach ist es, die Ehe zu schließen, schwer indes, sie zu führen." „Die Kunst währt lang, und kurz ist unser Leben."

Die Zuhörer überraschen.

Flechten Sie zur Spannungserhöhung eine Überraschung in Ihre Rede ein; Sie intensivieren damit die Aufmerksamkeit Ihrer Zuhörer: „Es gibt Leute, die bereit sind, die Freiheit zu schützen, bis nichts mehr von ihr übrig ist."

Das Publikum mit einbeziehen.

Abschließend sei empfohlen, hin und wieder das Publikum in Ihrer Rede mit einzubeziehen; z. B. durch Einschübe: „Sie alle werden mir sicher Recht geben, so kann ich aus tiefstem Herzen sagen…", „Sie werden mich sicher unterstützen…" oder „Ich habe den Eindruck, jeder von uns…"

Wenn sie alle die genannten Tipps beachten, werden Sie mit Sicherheit eine wunderbare Rede halten, eine, die bewegt, nachdenklich macht und erheitert und die im Gedächtnis des Brautpaares, der Jubilare und der Gäste haften bleibt.

Der gute Redestil und seine Tücken

Reden und Schreiben ist zweierlei.

Eine gute Schriftsprache ist nicht gleichbedeutend mit einem guten Redestil. Ihr Vortrag muss sich durch kurze Sätze auszeichnen; denn es ist für die Zuhörer sehr schwierig, einem Satz, durch Nebensätze verschachtelt, zu folgen. Jede Pointe muss auf Anhieb sitzen. Wichtig ist, dass Sie ihre Rede zum Leben erwecken; sprechen Sie langsam und deutlich. Es ist empfehlenswert, dies vorher durch mehrmaliges Sprechen zu üben.

In eigenen Worten reden.

Um die Zuhörer zu gewinnen, achten Sie darauf, dass Sie Ihren Vortrag nicht mit Fremdwörtern spicken, sondern wählen Sie deutsche Worte. Am besten ist es, Sie drücken Ihre Gedanken mit Ihren eigenen Worten aus; eine gestelzte Rede wird man Ihnen nicht goutieren. Um Ihre Rede lebendig zu gestalten, können Sie die Zuhörer direkt ansprechen. Beziehen Sie Ihr Publikum mit ein, dies bringt Ihnen Aufmerksamkeit. Ängstigen Sie sich nicht vor Wiederholungen, Sie können sie sogar gezielt einsetzen, sie heben Ihre wichtigsten Gedanken hervor.

Der Vortrag

Die große Herausforderung: eine Rede vortragen.

Das Formulieren und Ausarbeiten der Rede ist leider erst die halbe Sache. Nervös macht sehr viele Menschen der eigentliche Vortrag, denn die meisten von Ihnen werden es nicht gewohnt sein, eine Rede zu halten. Sicherheit können Sie aber erlangen, indem Sie vor Ihrem Auftritt proben. Sie müssen sich entscheiden, ob Sie die Rede vom Blatt lesen oder einüben wollen.

Üben, üben, üben!

Das Üben und laute Sprechen wird Ihnen in jedem Fall das Lampenfieber nehmen, und ein bisschen Aufregung gehört dazu, auch bei Profis, da können Sie sicher sein!

Frei sprechen, mit Spickzetteln arbeiten, ablesen – alles geht.

Einstudieren der Rede. Sie werden einen wunderbaren Eindruck hinterlassen, wenn Sie Ihre Rede frei sprechen. Nachdem Sie die Rede ausformuliert haben, sollten Sie sie einige Male vom Blatt lesen, laut sprechen. Wenn Sie frei sprechen, bekommen Sie von den Reaktionen des Publikums mehr mit und können eventuell sogar darauf eingehen. Aber es ist auch nicht schlimm, wenn Sie Ihre Rede mit der Unterstützung Ihres Manuskriptes sprechen. Sie können Ihr Manuskript gestalten; sehr ratsam ist es, den Text als getippten Text zu haben. Ein getippter Text liest sich einfacher, wenn Sie dann noch einen Zeilenabstand von 1,5 oder 2 Zeilen wählen, werden Sie es leicht haben. Wichtige Textpassagen, Gedanken, die Sie hervorheben möchten, können Sie markieren, damit Sie beim Sprechen die richtige Betonung verwenden. Ein kleiner Tipp am Rande: Wenn Sie Ihren Text auf Din-A5-Papier ausdrucken, macht es fast gar nichts, dass Sie ihn ablesen. Eine weitere Möglichkeit wäre ein Stichwortzettel, der beim freien Sprechen hilfreich ist.

Langsam reden, Pausen machen, Luft holen.

Redegeschwindigkeit. Viele Redner sprechen leider zu schnell. Achten Sie darauf, dass sie langsam reden und immer wieder kleine Pausen machen, damit Sie richtig Luft holen können. Um die unterschiedlichen Satzteile richtig zu betonen, heben und senken Sie die Stimme. Durch vorheriges Üben – am besten vor dem Spiegel – bekommen Sie ein gutes Gefühl für die Geschwindigkeit. Wenn Sie ins Stocken geraten, so verzweifeln Sie nicht. Machen Sie eine kleine Pause und werfen Sie einen Blick auf Ihr Manuskript oder Ihre Stichwortliste: Sie werden sehen, in null Komma nichts sind sie wieder im Redefluss.

Gestik und Mimik nicht übertreiben.

Körpersprache. Ihr Vortrag wird durch Gestik und Mimik unterstützt, achten Sie aber darauf, dass Sie beides nicht übertreiben. Beim Proben der Rede vor einem Spiegel können

Sie nicht nur Ihre Geschwindigkeit, sondern auch Ihr Rede-verhalten überprüfen.

Zu allererst für das Brautpaar reden.

Um Ihr Lampenfieber zu überbrücken, können Sie auch einen kleinen Trick anwenden: Konzentrieren Sie sich beispiels-weise auf das Brautpaar. Sehen Sie Braut und Bräutigam an und suggerieren Sie sich, dass Sie allein für das glückliche Paar sprechen. Sie werden schon nach wenigen Sätzen merken, dass Sie an Sicherheit gewinnen. Dann können Sie Ihre Augen durch das Publikum schweifen lassen.

Zeitdauer und Termin der Rede festlegen.

Organisation. Viele Hochzeitspaare werden bei der Vor-bereitung Ihrer Feier durch eine Organisatorin oder eine Art „Zeremonienmeister" unterstützt. Es ist sinnvoll, diesen Personen mitzuteilen, dass Sie eine Rede halten möchten. Man wird Ihnen dann eine bestimmte Redezeit und einen Termin im Festprogramm zuteilen. Sollte niemand für die Organisation zuständig sein, so sollten Sie selbst der Bedienung mitteilen, dass Sie sprechen möchten. Sie vermeiden dadurch beispiels-weise, dass während Ihrer Rede im Hintergrund das Essen aufgetragen wird. Wenn Sie Ihre Rede mit einem Trinkspruch beenden, achten Sie darauf, dass die Gäste alle etwas zu trinken haben.

Reden zur grünen Hochzeit

Der Tag der Trauung ist ein Freudentag,
vielleicht der schönste Tag im Leben der
Brautleute. Kein Rückblick, keine Bilanz –
das Jetzt steht im Vordergrund: „Heute
also habt ihr eure Liebe besiegelt" und
die gemeinsame Zukunft: „... eine lange
Reise habt ihr euch vorgenommen." Nur
wenige Gäste kennen die Vorgeschichte:
„Es war auf hoher See, als ihr einander
begegnetet", und alle hoffen, dass das
Glück dieses Tages von Dauer sein wird:
„... dass ihr ... eine lange, glückliche Zeit
haben werdet."

Ansprache des Brautvaters 1

Zeit: 3 Minuten

Liebe Inke, Lieber Claudio, liebe Freunde,

Einstig: „Reise" als Metapher.

gesucht und gefunden habt ihr euch. Eine Reise zu zweit, eine lange Reise habt ihr euch vorgenommen. Mit Erwartung habt ihr euch heute das „Ja-Wort" gegeben. Ich bin sicher, dass ihr die richtigen Dinge in eure Koffer gepackt habt, um einander zu begleiten. Es wird gutes und es wird schlechtes Wetter auf dieser Reise geben; ich glaube, ihr seid darauf vorbereitet.

Ratschläge: Respekt, Vertrauen.

Wenn ihr euch Respekt zollt, nie vergesst, was es heißt, einander zu vertrauen, dann wird euch eure Liebe nicht verlassen.

Tipps für die Zukunft: Liebe verschwenden, Toleranz, Humor. Stichwort „Reise".

„Liebe ist das Einzige, was nicht weniger wird, wenn wir es verschwenden." Mit diesen Worten von Ricarda Huch wünsche ich euch von Herzen, dass ihr tolerant miteinander umgeht, euren Humor nie einbüßt und heute aufbrecht auf eine große Abenteuerreise.

Toast

Liebe Freunde, lasst uns jetzt das Glas erheben und darauf anstoßen, dass unser Brautpaar glücklich wird.

Ansprache des Brautvaters 2

Zeit: 5 bis 7 Minuten

Liebe Sonja, lieber Hermann, liebe Gäste,

**Einstieg: Zitat zum Thema „Liebe".
„Tradition" als Aufhänger: Tradition der Hochzeit ...
und der Hochzeitsrede.**

„Wo es Liebe regnet, wünscht keiner einen Schirm." Dieses alte dänische Sprichwort ist ein so einfaches, ein so wahres ...

Heute also habt ihr eure Liebe besiegelt. Was ich nicht für möglich gehalten hätte, ist, dass ihr die alten Traditionen für euren Bund auswählt. Unsere alte Dorfkirche, eine kirchliche Trauung, der christliche Segen, eine große Hochzeitsfeier. Ich freue mich darüber, jetzt ist es an mir, die alten Bräuche weiter fortzusetzen und die Brautvaterrede zu halten.

Aus Liebe heiraten.

Aus Liebe zu heiraten, ist wohl eines der ganz großen Glücksmomente für zwei Menschen. Für die Familien, besonders für den Brautvater ist es ein gutes Gefühl, wenn er glaubt, seine Tochter in gute Hände zu übergeben.

**Die Braut ...
und ihr Partner.**

Liebe Sonja, du bist eine junge, sehr emanzipierte Frau, die mit beiden Beinen im Leben steht und die sehr gut für sich allein sorgen kann. Als Vater bin ich sehr stolz darauf, aber ich freue mich, dass du Hermann gefunden hast, einen Mann, der dir mit Rat und Tat zur Seite steht; obwohl meine Ratschläge dadurch an die zweite Stelle in deinem Leben rutschen. Ich leugne nicht, dass diese Erkenntnis mir ganz schön zu schaffen gemacht hat.

**Der Bräutigam ...
und seine Partnerin.**

Lieber Hermann, wir kennen uns jetzt schon etwas länger als ein Jahr, und ich bin überzeugt, dass du Sonja verstehst, dich mit ihr in langen Diskussionen, die es sicher gibt, auseinander setzen kannst. Ich bin froh, in dir einen Sohn geschenkt zu bekommen. Sehr gern übergebe ich dir meine, d. h. natürlich unsere Tochter. Ich sehe ihre strahlenden Augen, ihr Glück, und ich sehe auch einen guten Einfluss, den du ausübst. Immer wieder stelle ich fest, dass ihr euch ergänzt, dies gefällt mir.

Ausblick: „gebunden frei".

Eure Zukunft liegt vor euch, ihr seid gebunden frei, ihr geht jeder euren Weg und trotzdem einen gemeinsamen. Ihr seid Kinder eurer Zeit, ihr habt Mut; wir, ihr Lieben, glauben an euch, wir sind stolz auf euch. Aus unseren Erfahrungen möchte ich euch mit auf den Weg geben, dass eine Ehe ein Bauwerk ist, sie muss jeden Tag errichtet werden. Wir wünschen euch Glück!

Ratschlag durch eine Metapher: Ehe wie ein „Bauwerk".

Rede der Brautmutter

Zeit: 3 bis 5 Minuten

Liebe Ella, lieber Teddy, liebe Gäste,

Einstieg: „Ruhe im Herzen des anderen finden". Metaphern „Sturm", „Schiff", „Bergung". Der Bräutigam: Herz der Braut „geborgen".

das große Glück in der Liebe besteht darin, Ruhe in einem anderen Herzen zu finden. Lieber Teddy, aus Ellas Herzen sind einige Schiffe gefahren, aber sie liefen auf Grund, denn die Stürme, denen sie ausgesetzt waren, konnten nicht kontrolliert werden. Wie du es schaffst, meinem „kleinen Wirbelwind" – nicht schreien, Ella – diese Ruhe zu schenken, bleibt dein Geheimnis; sagen möchte ich dir: Du machst auch mich unheimlich glücklich. Das Leuchtfeuer, das du entzündet hast, hat sie gesehen und sie ist in deinen Hafen eingelaufen. Mir erscheint es, als wenn du ihr Herz geborgen hast.

Die Braut: ist „angekommen".

Liebe Ella, du bist weiterhin Sphinx, doch viele Rätsel scheinen gelöst. Ich freue mich für dich, ich bin froh, du scheinst angekommen – ihr seid angekommen.

Ausblick und Ratschläge: nie Respekt und Hoffnung verlieren.

„Mögen sie Hochzeit halten", dachte ich, als ich euch immer wieder so vergnügt miteinander sah. Ihr habt es heute gemacht, und ich hoffe, dass eure Herzen lange füreinander schlagen werden. Ich wünsche euch den nötigen Respekt und verliert nie die Hoffnung; es gibt immer einen Weg.

Toast

Liebe Gäste, lassen Sie uns das Brautpaar hochleben!

Rede des Vaters des Bräutigams

Zeit: 3 bis 5 Minuten

Liebe Paula, lieber Titus, liebe Freunde,

Einstieg mit Zitat und Bild: Frau „fängt den Weltenbummler ein".

schon Luther sagte: „Eine Frau ist der beste Gefährte fürs Leben." Für meinen Sohn, einen wahren Weltenbummler bis vor kurzem, trifft dies sicherlich zu. Nie hätte ich gedacht, liebe Paula, dass du es so schnell schaffst, Titus einzufangen.

Die Vorgeschichte Ein Rätsel: Der Weltenbummler wird plötzlich sesshaft.

Titus, du kamst verfrüht aus Afrika zurück, von einer Reise, für die du lange gearbeitet hast, damit du sie verwirklichen kannst. Was ist passiert, haben Mutter und ich gedacht, was hat er? Sofort bemühte sich, liebe Freunde, mein Sohn um eine Anstellung, ich erkannte ihn nicht wieder. Woher hatte er auf einmal dieses Verantwortungsbewusstsein?

Lieber Titus, ich bin richtig stolz auf dich. Er sagte nichts, liebe Gäste, er begann zu arbeiten, er bemühte sich um die Familie, wir standen tatsächlich vor einem Rätsel. Afrika sei schön gewesen, aber er wolle jetzt anders leben, das war die einzige Antwort, die wir bekamen.

Des Rätsels Lösung: die Braut.

Dann geschah das Wunder! Titus, du kamst zu mir und deiner Mutter und fragtest, ob wir an einem Sonntag-nachmittag Zeit hätten, du würdest uns gern deine Freundin vorstellen. Wir waren platt, mein lieber Sohn.

Heiratspläne

Liebe Paula, du tratst in unser Haus und auf einmal war uns alles klar. Unser Sohn hatte sich richtig verliebt. Da habt ihr gesessen, und der Wunder noch nicht genug, sagtet ihr: „Mutter und Vater, wir wollen heiraten." Ja, welch' eine Freude, heute sitzen wir hier und ihr habt es wirklich gemacht.

Lob der Braut.

Liebe Paula, du bist uns nicht nur willkommen, wir haben dich sehr schnell ins Herz geschlossen, und wir glauben, dass unserem Titus nichts besseres passieren konnte.

Ausblick: verantwortungsbewusste Zukunft.

Mit allem, was ihr beide in der letzten Zeit geleistet habt, habt ihr uns allen gezeigt, dass ihr es überlegt habt und dass ihr eine Zukunft haben werdet. Eine gemeinsame, eine verantwortungsbewusste und eine, die ihr euch selber baut.

Freude der Eltern

Ihr Lieben, ich kann nicht in Worte fassen, wie wir uns freuen.

Toast

Auf das Brautpaar, zum Wohl!

Rede der Mutter des Bräutigams

Zeit: 3 bis 5 Minuten

Liebe Ortrud, lieber Frank,

Gratulation

ich gratuliere euch von ganzem Herzen; und ich möchte Franks Lieblings-Gedicht vortragen:

Gedicht als Hauptteil: Stichwort „Ja sagen".

falsch

hier tut kein weg sein
und ich tu ihn auch nicht suchen
ich tu was ich tu was ich tun müssen tu
immer sein da die die sagen
das du müssen tun und das du müssen tun
und ich sein das was da ja sagen tut
ja ich immer tu ja sagen
und dann ich mir sagen dass falsch
war das jasagen
ja
ganz falsch
(Ernst Jandl)

„Ja sagen" zur Ehe.

Mein lieber Frank, dein heutiges Jasagen war ein goldrichtiges, eines, das dir hoffentlich zusammen mit deiner lieben Ortrud lange Freude bereiten wird. Dass du, liebe Ortrud, ja gesagt hast zu Frank, ist ebenfalls eine besondere Freude.

Eröffnung der Party. Toast

Liebe Freunde, liebe Gäste, schenken wir den beiden eine Party, die sie lange nicht vergessen werden. Zum Wohl!

Rede eines Trauzeugen

Zeit: 3 bis 5 Minuten

Liebe Henrike, lieber Vincent, verehrte Gäste,

Zitat: „sich mitfreuen". Die Freude des Trauzeugen.

Mark Twain sagte: „Freude lässt sich nur voll auskosten, wenn sich ein anderer mitfreut."

Ich freue mich mit euch, und ich war sehr stolz, als du, Henrike, mich fragtest, ob ich dein Trauzeuge sein wolle. Ich wollte, und es war eine Freude. Henrike und ich wissen, dass es ein weiterer Meilenstein in unserer Freundschaft sein wird; ein Start auch für eine Freundschaft zwischen Vincent und mir.

Dessen Verhältnis zum Brautpaar: Freundschaft.

Lieber Vincent, du hast eine wundervolle Frau bekommen, und sie hat heute „ja" gesagt, „ja" zu dir und „ja" zu euch. Ich sehe euch, und ich weiß, dass es so richtig ist. Was vielleicht nicht alle wissen: Ich war Vincents Vorgänger, ich habe Henrike einmal sehr geliebt und heute liebe ich sie als Freundin.

Zukunftswünsche mit Metapher: „Liebe als Duett".

Für euren gemeinsamen Weg wünsche ich euch, dass er abwechslungsreich, abenteuerlustig, kinderreich und vor allem glücklich sein wird. Ihr wisst beide, das Liebe kein Solo ist, sondern ein Duett. Ich wünsche euch, dass euer Lied nicht verstummt, sondern dass es immer eine neue Strophe geben wird. Und wann immer ihr eine begleitende Stimme braucht, gern schenke ich euch meine.

Zitat über „Freude" als Abschluss.

Mit einem Zitat habe ich begonnen, ich möchte auch mit einem schließen: „Seine Freude in der Freude des anderen finden können, das ist das Geheimnis des Glücks." *(Georges Bernanos)*

Liebe Henrike, lieber Vincent, viel Glück!

Rede des Großvaters der Braut

Zeit: 5 bis 7 Minuten

Liebe Gesche, lieber Daniel, verehrte Gäste,

Thema „Reise" als Aufhänger.

das Wort „Reise" hat den abenteuerlichen, faszinierenden Klang verloren, den es zu meiner Zeit noch hatte. Den meisten bedeutet es nichts anderes als Veränderung des Aufenthaltsortes aus verschiedensten Gründen.

Reisen: gemeinsame Leidenschaft des Brautpaares.

Nun konnte ich feststellen, dass diese beiden jungen Menschen aber sehr genau verstehen, was ich unter Reisen verstehe. Sie wissen, dass Reisen eine Veranlagung, eine Begabung ist. Dies erfreut mich über alle Maßen, ebenso, wie ich mich freue, dass meine liebe Gesche dich, Daniel, gefunden hat. Sicher, ich musste mich erst an deine Haarpracht gewöhnen, aber durch das Reisen bin ich auch sehr tolerant geworden.

Ankündigung des Hochzeitsgeschenks: eine Reise.

Heute nun haltet ihr Hochzeit, eine große Freude. Liebe Gesche, lieber Daniel, was ich Gesches Eltern noch nicht antun konnte, kann ich heute nun euch antun.

Ja, meine Lieben, aus meiner wirklich übergroßen Freude über eure Verbindung, die ich gutheiße, schenke ich euch eine Reise; eine Hochzeitsreise.

Der Bräutigam und die Braut: Visionen und Träume.

Ich bin ein schon alter Mann, ich habe meine Romantik nicht verloren, aber ich bin nach wie vor auch ein cleverer Weinbauer. Lieber Daniel, ich habe viel von dir, dem jungen Weinbauern, gelernt in den vergangenen Monaten, kann deine Visionen verstehen, sie ähneln meinen, denen, die ich hatte, als ich so alt war wie du. Liebe Gesche, deinen Traum kenne ich schon seit langem, nur fand sich nie ein Anlass, vor diesem, dir diese Reise zu schenken. Und weil ich auch ein um meine einzige Enkeltochter besorgter Großvater bin, kann ich jetzt mit ruhigem Gewissen, da ich dich in der Obhut Daniels weiß, tun, was ich gern möchte.

Ausblick auf die Hochzeitsreise

Ihr fahrt in Südafrikas Weinanbaugebiet, ihr werdet von der Sonne verwöhnt, werdet sicherlich viele Abenteuer erleben, tollen Menschen begegnen. Daniel, du kannst hoffentlich die Zeit finden, vor Ort einige Studien zu betreiben und einige Erkenntnisse, von denen ich Bericht erwarte, mitbringen.

Ratschlag als Abschluss.

Schützt die Schwelle, über die ihr heute getreten seid, achtet sie! Das Glück kann man nur festhalten, indem man es immer weiter gibt.

Ich liebe euch!

Rede der Großmutter des Bräutigams

Zeit: 3 bis 5 Minuten

Liebe Helene, lieber Jan, liebe Gäste,

**Einstig: Frage
des Bräutigams.**

mein lieber Jan kam vor genau vier Monaten zu mir und fragte
mich: „Oma, was hält die Welt zusammen?"

Meine Antwort lautete:

**Gedicht als
Antwort.**

Was die Welt zusammenhält

Harte Zeiten – Weiche Knie
Volle Brüste – leere Taschen
Heiße Nächte – Kalter Kaffee
Saure Trauben – Süßes Leben
Enge Hosen – Weite Herzen
Teure Heimat – Billige Angebote
Reiche Ernte – Arme Schlucker
Große Chancen – Kleine Fische
Dünne Suppe – Dicke Luft
Leichte Mädchen – Schwere Geschütze
Helle Köpfe – Dunkle Geschäfte
Lange Finger – Kurzer Prozess
Alte Lieder – Neue Gesichter
Scharfe Sachen – Milder Wein
(Liesl Ujvary)

Liebe Helene, dein Jan hat gelacht, war sicher überrascht, dass
ich nichts von Goethe oder Herrn Schiller rezitierte, sondern
ausgerechnet diese Zeilen…

„Tief aus dem Herzen": Lachen über das Gedicht ... und der Wunsch, zu heiraten.

Sein Lachen kam tief aus dem Herzen, und er sagte, das ist gut! Ebenso tief aus den Buchten dieses Herzens kam seine Ankündigung: „Oma ich werde Helene heiraten, wenn Sie mich will!" Meine Antwort war: „Jan, das ist gut!"

Zukunftswünsche

Ich freue mich für euch, bleibt herzumschlungen und sagt, sagt immer, was ihr denkt!

Rede einer Schwester der Braut

Zeit: 3 Minuten

Liebe Coco, lieber Tim, liebe Gäste,

Alter Brauch als Hauptthema.

der Schwarzwald ist weit weg. Doch auch bis nach Hamburg lässt sich ein alter Brauch tragen, den ich jetzt mit einem Gedicht einführen möchte:

Gedicht als Teil des Brauches.

„Tick, tack, tick, tack, ja ganz genau,
Ich weiß, nun seid ihr Mann und Frau.
Tick, tack! So geht es immerfort,
Die Lebensuhr hat stets das Wort.
Sie tickt zur Freud', sie tickt zum Leid,
Nie steht sie still, es eilt die Zeit.
Du wurdest Braut, du weißt es kaum –
Die Stunden schwanden wie im Traum.
Drum mein' ich, weise sei's und klug,
Zu nützen solchen raschen Flug,
Wie ihn die Zeit mit uns betreibt,
Damit nur Glück und Segen bleibt.
Nehmt drum die Uhr aus meiner Hand
Hinein in euern Ehestand!
Ich wünsch', dass jeder Stundenschlag
Euch Glück und Segen bringen mag."
(L. Martin)

Überreichung eines traditionellen Hochzeitsgeschenks. Zukunftswünsche

Ja, ihr Lieben, ich überreiche euch jetzt feierlich eine Schwarzwälder Kuckucksuhr und wünsche euch alles Glück. Tick, tack, tick, tack, möge sie euch viele schöne Stunden bescheren und die weniger schönen schnell vorbeiticken lassen.

Rede eines Bruders des Bräutigams

Zeit: 3 bis 5 Minuten

Liebe Alexandra, lieber Christian, liebe Freunde,

Thema „See" als Aufhänger.

es war auf hoher See, als ihr einander begegnetet. Jetzt sind wir alle zusammen auf hoher See, auf der Ostsee, und ihr feiert Hochzeit, getraut vom Kapitän.

Metapher: Leben als „Drehbuch". Einfluss der Braut auf den Bräutigam.

Es ist alles wie im Film, aber die besten Drehbücher schreibt, wie wir alle wissen, das Leben. Eures ist bisher ein tolles gewesen. Dank dir, Alex, spricht mein ehrbarer Bruder auch einmal von anderen Dingen als von Schiffen und Motoren, dir ist es zu verdanken, dass er ein gutes Essen und einen schönen Film genießen gelernt hat. Wir sind dir alle sehr dankbar; aus Christian wurde ein umgänglicher Mensch.

Die Beziehung

Zukunftswünsche

Seefahrt als gemeinsame Leidenschaft und als Metapher für die Beziehung.

Ihr beide sagt, dass ihr zu zweit mit den Problemen fertig werdet, die ihr allein nur schwer bewältigen konntet, dies ist erfreulich. Euer Wunsch, in der Liebe etwas zu geben, nicht zu erhalten, macht euch stark. Ich wünsche euch von Herzen, dass nicht nur eure Liebe Bestand hat, sondern eure gemeinsam gesteckten Ziele zu erreichen sind. Lange habt ihr euch gesucht und auf dem Meer habt ihr euch gefunden. Vielleicht muss dies bei „Wasserratten" wie euch so sein; das Meer ist euer Element und so wünsche ich euch immer eine Handbreit Wasser unter dem Kiel! Und wenn ihr mal auf Grund lauft, werden wir alle da sein und euch zur Hilfe eilen.

Toast

Ich erhebe das Glas und wünsche euch: Werdet glücklich!

Rede einer guten Freundin der Braut

Zeit: 2 Minuten

Meine liebe Sabine, lieber Markus, liebe Gäste,

Aufhänger: „keine Zeit verschwenden". Schneller Entschluss. Vorgeschichte: „Liebe auf den ersten Klick".

Zeit sollte man nicht verschwenden. Ihr zeigt uns, was dieser Ausspruch bedeutet. Vier Monate hat es gebraucht, bis ihr vor den Traualtar getreten seid.

Im Internet, auf der rasanten Datenautobahn habt ihr eure Herzen verloren. Wir haben gelacht; ihr tratet aus der Virtualität in die Realität, flogt von Hamburg nach Köln, von Köln nach Hamburg. Nein, wirklich, ihr habt keine Zeit verschwendet. Liebe auf den ersten Klick, unglaublich, aber wahr.

Zukunftswünsche

Ihr Lieben, ich sehe euch strahlen; wir alle sehen eure Liebe, und ich denke, ich darf im Namen aller sagen, dass wir hoffen, dass ihr Zeit füreinander, Zeit miteinander, eine lange, glückliche Zeit haben werdet.

Toast

Liebe Freunde, wir wollen das Brautpaar hochleben lassen und miteinander anstoßen: Auf die Liebe!

Rede eines guten Freundes des Bräutigams

Zeit: 2 bis 4 Minuten

Liebe Tabea, lieber Fridolin, liebe Gäste,

Zitat, um das Brautpaar zu charakterisieren: „Güte".

„Güte in den Worten erzeugt Vertrauen, beim Denken Tiefe, beim Verschenken Liebe"; dies wusste schon Lao Tse. Ich kenne niemanden, der diesen Ausspruch so sehr beherzigt wie ihr beide. Als alter Freund Fridolins wurde ich neuer Freund von dir, liebe Tabea, und ich bin glücklich darum.

Die Beziehung: Liebe und gegenseitige Verpflichtung.

Eure Liebe steht auf sicheren Beinen, obwohl ihr euch erst seit kurzer Zeit kennt, man sieht es, man fühlt es und ihr bestätigt dies durch Taten. Begriffen habt ihr beide ebenfalls, dass jede Beziehung gegenseitige Verpflichtung birgt. Dies sage ich hier nicht nur, ihr lebt es einfach und dies ist das Allerbeste, ihr strahlt es aus und gebt mit eurem Humor Einblick in eure Herzen.

Die Vorgeschichte

Es ist einfach toll, zu sehen, dass man sich wirklich findet, wenn man die Geduld hat, zu warten. Fridolin, liebe Tabea, hatte dich kennen gelernt und erzählte mir: „Max, ich habe sie gefunden, meine Frau!" Wie ich vorhin von deiner Freundin, Anke, erfuhr, hast du genau dasselbe gesagt. Geht es besser, liebe Freunde, nein!

Toast

Deshalb erhebt mit mir zusammen das Glas und lasst dieses Brautpaar hochleben. Tabea, Fridolin, auf eure Liebe! Zum Wohl!

Rede eines guten Freundes der Familie

Zeit: 3 bis 5 Minuten

Liebe Inken, Lieber Andreas, liebe Brauteltern,

Glückwunsch als Einstieg.

Euch beiden Glück von Herzen! So viele Reden haben wir heute schon gehört, dass ich mir erlaube, ein paar Worte auch an die Brauteltern zu richten.

Gefühle der Eltern: Freude und Wehmut.

Für euch ist heute ein ebenso glücklicher Tag wie für eure Kinder, doch sicher verspürt ihr auch ein wenig Wehmut. Ja, groß geworden sind die beiden, sie sind im heiratsfähigen Alter… Eine eigene Familie wollen sie gründen, ihr könnt stolz sein.

Zitat als Aufhänger für das Thema: „Die Kinder gehen lassen".

Jean Paul sagte einmal: „Kinder und Uhren dürfen nicht beständig aufgezogen werden. Man muss sie auch gehen lassen." Ihr müsst eure Kinder heute einmal mehr gehen lassen. Ihr habt sie schon zu Hause ausziehen lassen, ihr habt sie in fremde Städte gehen lassen, die sie dann ihr Zuhause nannten. Heute nun beginnt ein weiterer Abschnitt, der für Eltern sicher nicht ganz so einfach ist, auch wenn es ein sehr freudiger Anlass ist.

Ratschlag für die Eltern: durch Freude am Leben der Kinder teilhaben.

Haltet ihnen die Treue, auch wenn sie alles anders machen, als ihr es getan habt. Ihr habt mit der Ehe eurer Kinder weitere Verwandte gewonnen, freut euch, denn ihr versteht euch alle gut. Lasst Sie ziehen, eure vermählten Kinder, denn, liebe Freunde, „die Freude in der Freude des anderen finden zu können, das ist das Geheimnis des Glücks". *(Georges Bernanos)*

Zukunftswünsche

Ich wünsche euch allen zusammen viele glückliche Momente und dem Brautpaar Liebe, Liebe und nochmals Liebe.

Dankesrede des Bräutigams

Zeit: 2 Minuten

Liebe Familie, liebe Freunde,

Einstieg: Das Brautpaar ist überwältigt. Dank an die Gäste.

ja, wir sind überwältigt, wir sind hingerissen, ganz schlicht beeindruckt. Mir ist danach, bevor wir die Tafel aufheben, euch allen zu danken. Ihr habt wirklich keine Mühe gescheut. Selbstverständlich bedanken wir uns auch bei euch, dass ihr alle die Zeit gefunden habt, mit uns zusammen zu feiern. Vergessen möchte ich nicht, auch für die vielen Geschenke zu danken, wir werden sie in Ruhe auspacken.

Eröffnung der Party.

Ich wünsche uns allen jetzt noch eine unvergessliche Party. Viel Spaß!

Dankesrede der Braut

Zeit: 3 bis 5 Minuten

Liebe Eltern, liebe Schwiegereltern, liebe Freunde,

Dank für die Vorbereitung der Feier.

die Feste soll man feiern, wie sie kommen, trotzdem braucht ein Fest wie diese Hochzeit einige Vorbereitungen. Deshalb möchte ich mich zuerst bei allen Helferinnen und Helfern bedanken; ohne euch wäre ich verzweifelt.

Wir haben anscheinend mit allem Glück, wir sind überwältigt; schon dass ihr so zahlreich erschienen seid. Klasse!

Dank an die Freunde.

Da Hugo und ich um einige unserer verrückten Freunde wissen, haben wir mit allem gerechnet und uns doch verrechnet; von so viel Engagement haben wir nicht einmal geträumt. Es ist wunderbar, solche Freunde zu haben, Freunde, die auch die glücklichen Stunden mit einem teilen. Wir lieben euch!

Dank an die Eltern und Großeltern.

Liebste Eltern und Großeltern, eure Zurückhaltung und gleichzeitig eure Weitsicht in vielen Hochzeitsangelegenheiten haben wir besonders geschätzt. Dass wir jetzt, bevor das Feiern, Tanzen und Amüsieren in die nächste Runde geht, dieses Feuerwerk von euch geschenkt bekamen, macht uns sprachlos. Ich muss auch heftigst schlucken, mit den Tränen der Rührung kämpfen. Ihr habt nicht nur recherchiert, welches unsere Lieblingsmusikstücke sind, sondern ihr habt Metaphern für unsere Liebe und Gefühle gefunden, die uns entsprechen. Wir danken euch aus tiefstem Herzen; ihr schenktet uns damit nicht nur ein traumhaftes Erlebnis, sondern eine wunderschöne, sehr romantische Erinnerung. Danke!

Ihr Lieben, ihr alle wisst, die größte Freude hat keine Worte! Ich wünsche uns allen jetzt noch ein tolles Fest. Danke, danke an euch alle!

Der Bräutigam spricht zur Braut

Zeit: 2 bis 4 Minuten

Liebe Pia, liebe Eltern, liebe Freunde,

Dank an die Braut. bitte, erlaubt mir, bevor es losgeht, einen Dank an Pia, meine
Einstig: kein Frau, zu richten. Ich bin nicht der Mann der Worte, ich spreche
Mann der Worte ... auch nicht gern vor größeren Gruppen von Menschen, auch
wenn es Freunde sind; aber dies möchte ich aus tiefstem
... darum ein Herzen sagen. Ein Gedicht von Günter Bruno Fuchs beschreibt
Gedicht. alles, was ich sagen möchte, und ich bin froh, dass ich es
gefunden habe, als ich nach Worten suchte:

Freundesgruß

Ich bin der kleinste Mann mit leeren Händen.
Ich bin der ärmste Mann mit kleinen Händen.
Doch mit dir
Kann der kleine Mann
Kann der arme kleine Mann
Auch den größten Baum mit langen Ästen
Auch das hohe Haus mit vollen Tischen
In den kleinen Händen
Über große Berge tragen.
(*Günter Bruno Fuchs*)

Das Gedicht in Liebe Pia, ohne dich wäre ich oft ein Korken auf dem Meer
eigenen Worten. gewesen, du warst mir immer ein Netz. Deine Liebe war mir
immer Sicherheit und ich habe durch dich gelernt, dass man
für seine Beziehung jeden Tag kämpfen muss, dass nichts
selbstverständlich ist. Dafür danke ich dir aus tiefstem Herzen.

Du hast mich heute wirklich zum glücklichsten Mann auf der Welt gemacht. Ich freue mich auf unsere Zukunft.

Toast auf die Braut. Liebe Freunde, ich bitte euch jetzt, mit mir zusammen das Glas zu erheben und meine wunderbare, wunderschöne Frau hochleben zu lassen. Danke!

Endlich den Mut gehabt:

Reden für lang zusammenlebende Paare

Dass Paare schon einige Jahre zusammen-
leben, bevor sie sich das Jawort geben, ist
heutzutage fast schon die Regel. Erst nach
acht, zehn oder mehr Jahren zu heiraten,
ist jedoch ein Umstand, der hervorgeho-
ben werden will: „Nach all den prüfenden
Jahren habt ihr jetzt den Schritt gewagt"
und erklärungsbedürftig ist: „Deine
Unentschlossenheit war schon immer
beispiellos." Was so lange schon gehalten
hat, hofft man, wird nun erst recht halten:
„... und wünschen euch, dass ihr weiterhin
so gut miteinander auskommt."

Rede des Brautvaters

Zeit: 5 bis 7 Minuten

Liebe Liliane, lieber Maximilian, verehrte Freunde,

Vorgeschichte: eine schwierige Beziehung.

nach all den prüfenden Jahren habt ihr jetzt den Schritt gewagt, wir sind hoch erfreut. Es sind acht Jahre ins Land gezogen, in denen ihr mit vielen Schwierigkeiten inner- und außerhalb der Beziehung gekämpft habt.

Liebe trotz großer Unterschiede.

Lieber Maximilian, ich stand nicht immer auf eurer Seite, immer wieder gab ich Liliane den Ratschlag: „trenne dich von Ihm, eure Sozialisation ist zu verschieden." Liliane folgte meinem Rat, ihr habt immer wieder auch Distanz aufgebaut und geschaut, wie es ohne einander geht. Die längste Phase war ein halbes Jahr, nie zuvor, liebe Gäste, habe ich meine Tochter so leiden sehen.

Diese Trennungs- oder besser Distanzphasen übertrugen sich auf die gesamte Familie. Kein Abstand war groß genug, Lilianes Amerikaaufenthalt lenkte sie nur unwesentlich ab von Ihren Liebesgefühlen, die sie immer wieder umtrieben.

Vater und Schwiegersohn: Anerkennung der Unterschiede.

Lieber Max, du hast deinen Weg gefunden, er unterscheidet sich gravierend von meinem, dem, den meine Familie bisher gefolgt ist. Liliane ist seit Generationen die Erste, die ausbricht aus Ihrer Familientradition. Ich verfolgte es mit Angst, lieber Max. Deine Werte sind ehrbar, deine Ziele definieren sich in der Wissenschaft, um materielle Sicherheit geht es dir selten, sie scheint dir egal.

Als Vater muss ich jetzt damit leben, d. h. ich hatte ja auch schon genügend Zeit, mich daran zu gewöhnen, dass mein Schwiegersohn ein idealistischer Archäologe ist und kein

Finanzexperte. Ein Bittsteller warst du nie, obwohl ich es dir unterstellte. Du bist ein Mann, der seinen Stolz hochhält und durchsetzt, das hat mir dann schon gefallen.

Die Tochter setzt sich durch.

Gefallen, liebe Freunde, hat mir auch, dass Max um Lilianes Hand ganz offiziell bei mir angehalten hat; er ist ein Experte in Umgangsformen.

Liliane, mein Schatz, heute nun hast du deinen Willen bekommen, und meinen, d. h. Mutters und meinen Segen habt ihr auch bekommen. Beruhigt und belustigt hat mich Lilianes Statement: „Dad, Vorsorge – vor und um die Ehe – ist die halbe Abfindung!"

Mit auf euren Weg geben, möchte ich euch ein paar Sätze von Lichtenberg:

Zitat: Der Vorteil von Unterschieden für eine Beziehung.

„Was die wahre Freundschaft und noch mehr das glückliche Band der Ehe so entzückend macht, ist die Erweiterung seines Ichs, und zwar über ein Feld hinaus, das sich im einzelnen Menschen durch keine Kunst der Welt schaffen lässt. Zwei Seelen, die sich vereinigen, vereinigen sich dennoch nie ganz so, dass nicht immer noch der beiden so vorteilhafte Unterschied bliebe, der die Mitteilung so angenehm macht (...)"
(Georg Christoph Lichtenberg)

Toast

Lassen Sie uns das Glas erheben, auf Liliane und Maximilian!

Rede der Mutter des Bräutigams

Zeit: 3 bis 5 Minuten

Liebe Anne-Marie, lieber Leander, liebe Gäste,

Einstig: Erstaunen über einen Heiratsmuffel. Die Vorgeschichte

welch' ein freudiger Tag! Ich kann es noch gar nicht fassen; Leander, der Heiratsmuffel, hat seine Meinung revidiert.

12 Jahre habt ihr in „wilder Ehe" gelebt, und ich frage mich, was ist passiert? Liebe Gäste, ich habe meine Schwiegertochter so lange genervt, bis sie es mir erzählt hat, ich fragte sie, ob ich es für eine Rede verwenden dürfte, und sie sagte spontan ja. Leander hat Anne-Marie an einem wunderschönen Frühlingsmorgen, einem Sonntag, das Frühstück ans Bett gebracht und ihr einen Heiratsantrag gemacht! Kurz und schmerzlos vergisst man die 12 davor liegenden Jahre.

Der Gesinnungswandel des Heiratsmuffels.

Mein Sohn, ich liebe dich für deinen Dickkopf, so wie dich Anne-Marie dafür liebt. Niemand von uns hat noch einmal damit gerechnet, dass dies passieren würde, und genau dann bricht für Leander die Zeit an, wo er in die entgegengesetzte Richtung geht. Eines seiner Motti war schon immer ein Ausspruch von Mark Twain: „Wenn du merkst, dass du zur Mehrheit gehörst, wird es Zeit, deine Einstellung zu revidieren."

Freude der Mutter. Dank und Zukunftswünsche.

Ich jedenfalls freue mich sehr, dass ich es noch erleben konnte, dieses Fest. An eurem Glück darf ich schon lange teilhaben, dafür an dieser Stelle auch einmal Dank!

Liebste Anne-Marie, lieber Leander, ich wünsche eurer Liebe weiterhin Bestand!

Rede eines Freundes

Zeit: 3 bis 5 Minuten

Liebe Katharina, lieber Oliver,

Einstieg: Es wurde Zeit! Die Vorgeschichte aus der Sicht des besorgten Freundes.

es wurde Zeit! Oliver, dass dir Katy nicht davon gelaufen ist, ist ein Wunder, deine Unentschlossenheit war schon immer beispiellos. Immer wieder habe ich dir gesagt – gute Freunde dürfen dies – : „Tak, mach' ihr einen Antrag, sonst ist sie auf und davon!" „Ja, mache ich, wenn…" Es gab immer ein wenn! Heute gab es zum Glück ein sehr lautes, ein eindringliches, und ich meinte zu hören, ein sehr glückliches Ja.

Zur Braut: So ist er, dein Bräutigam.

Du, liebe Katharina hast ihn eingefangen, wunderbar. Du kriegst einen sensiblen Jungen, einen Aufschneider, aber einen netten Mann, wie du weißt. Seine Untaten sind seit wirklich einiger Zeit vorbei, glaube mir. Du wirst keine so großen Mühen mehr mit ihm haben. Er hat tatsächlich etwas gelernt, der gute Tak. Tak, ich freue mich, dass du endlich den Mut

Freude: glückliches Ende eines langen Kampfes.

Abschluss mit Rätsel.

hattest, sie zu fragen, und noch mehr freue ich mich, dass sie ja gesagt hat. Ein langer Kampf, meine Freunde, ist heute zu Ende gegangen. Ein Weg der tränenreich auf beiden Seiten war, aber letztlich ein glücklicher. Zum Ende euch ein Rätsel, aus Olivers und meiner Heimat, ich spreche es in Plattdeutsch:

„Junten up unse Wäs geht ener mit ner langen Näs, het rode Stäweln an, spazeert as n Eddelmann."
(Niederdeutsches Volksrätsel)

Zukunfts- und Kinderwünsche.

Na, die Lösung heißt: Storch! Ich wünsche euch eine glückliche Ehe und viele Kinder!

Rede einer Trauzeugin

Zeit: 3 bis 5 Minuten

Liebe Kerstin, lieber Jonas, liebe Gäste,

Vorgeschichte I: Erst Sandkasten-Braut ...

ich möchte eine kleine Geschichte erzählen. Jonas und ich sind Sandkastenfreunde. Früher haben wir unheimlich oft Hochzeit gespielt. Wir stellten uns vor der Sandkastenbrüstung auf, Jonas imitierte das Glockengeläut, dann schauten wir uns ehrfurchtsvoll an, warteten einen Augenblick und sagten dann beide nacheinander „ja!" Bevor wir zu einem anderen Spiel übergingen, gaben wir uns flüchtig einen Kuss.

... dann Trauzeugin in Wartestellung.

Das Warten hatte ein Ende.

Als wir älter wurden und klar war, dass wir einander nicht heiraten würden, sagte Jonas immer zu mir: „Nele, ich möchte, dass du irgendwann mal meine Trauzeugin wirst." Liebster Jonas, ich hatte die Hoffnung schon aufgegeben. Sieben Jahre lebt ihr zusammen, genau heute kennt ihr euch acht Jahre. Ihr habt das verflixte siebte Jahr überlebt und jetzt wart ihr bereit. Sehr gern erfüllte ich dir, d. h. euch den Wunsch, eure Ehe zu bezeugen, denn ich bin davon überzeugt, dass ihr zusammen alt werdet, dass eure Liebe halten wird.

Vorgeschichte II: Trauzeugin als Kupplerin.

Schließlich war ich es auch, die dir, lieber Jonas, sagte: „die da" – Kerstin, entschuldige diese Umschreibung – „hat ein Auge auf dich geworfen"; zum Glück hast du mir dies geglaubt.

Zukunftswünsche und Toast.

Ihr Süßen, ich bin ein großer Fan eurer Partnerschaft und wünsche euch, dass ihr weiterhin so gut miteinander aus- kommt. Liebe Freunde, auf das Wunder-Paar, das sich heute endlich getraut hat, zum Wohl!

Multikulturelle Hochzeitsfeier

Keine mehr oder weniger geduldete
Ausnahme mehr und trotzdem noch längst
keine Selbstverständlichkeit: eine Heirat
zwischen Angehörigen verschiedener
Nationalitäten, Kulturen und Religionen:
„Ihr habt füreinander gekämpft und uns
immer wieder gezeigt, wie großartig ein
Zusammenschluss unterschiedlicher
Kulturen ist." Eine multikulturelle Ehe
will gegen äußere Widerstände verteidigt,
will von Freunden und Angehörigen
mitgetragen werden: „... dass wir immer
hinter euch stehen, eure Liebe stützen
werden."

Rede des Brautvaters

Zeit: 2 bis 4 Minuten

Liebe Leoni, lieber Messaoud, liebe Gäste,

Aufhänger: zwei Kulturen vereint.

Eure Hochzeit und den Zusammenschluss zweier Kulturkreise, dies beides wollen wir heute ausgelassen feiern; feiern auf die unterschiedlichste Weise.

Nach der christlichen Trauung in Leonis Taufkirche freuen wir uns jetzt, lieber Messaoud, auf ein traditionelles arabisches Hochzeitsessen, denn für uns alle ist es etwas ganz Neues.

Vorgeschichte: Liebe überwindet Gegensätze.

„Begegnung" könnte ich meine Worte überschreiben. Ihr seid euch begegnet und eure Kulturkreise ebenso. Eure Offenheit hat nicht nur euch bereichert, sondern auch uns. Der Ausgangspunkt für die Revolution eurer Wünsche ist eure Liebe gewesen. Ihr habt füreinander gekämpft und uns gezeigt, wie großartig ein Zusammenschluss unterschiedlicher Kulturkreise ist. Ihr seid Kinder eurer Zeit, und ihr hattet unsere Ängste nicht, d. h. ihr seid euch sicher, dass ihr sie immer wieder überwinden könnt. Wir möchten euch sagen, dass wir immer hinter euch stehen, eure Liebe stützen werden.

Zitat: Träume auch gegen Zweifel verwirklichen.

Leoni zitierte Robert Kennedy, um meine Zweifel zu zerstreuen: „Manche Menschen sehen die Dinge, wie sie sind, und sagen: Warum? Ich träume von einigen, die es nie gab, und sage: Warum nicht?" Recht hast du; wer seine Wünsche und Träume nicht versucht zu realisieren, wird nie feststellen, dass die Träume vielleicht doch funktionieren.

Metapher: Glück gleich einer Kathedrale/ Moschee aufbauen.

Ich freue mich für euch und ich gratuliere euch von Herzen. Ich wünsche euch, dass ihr die Kraft habt, euer Glück, einer Kathedrale, einer Moschee gleich aufzubauen.

Toast

Lassen Sie uns jetzt auf das Brautpaar, anstoßen!

Rede der Mutter des Bräutigams

Zeit: 3 bis 5 Minuten

Liebe Maike, lieber Andrea, liebe Gäste,

Rückblick auf eine Fernbeziehung: Verlust und Wiederkehr. Endgültiges Ankommen.

der Moment der Abreise aus Venedig war immer etwas traurig und etwas nervös, und außerdem bekam die arme Maike nie einen guten Zug und fürchtete die Fahrt, allein. Wieder war sie älter geworden, um einen Aufenthalt in Venedig, bei Andrea. Aber, liebste Maike, du hast dich in Venedig hinterlassen. „Irgendwann bleibe ich hier und solange nehme ich Venedig und dich mit ins Exil", dies hast du immer wieder gesagt, und jetzt, liebe Schwiegertochter, holt dich dein geliebter Andrea heim ins Venedig eurer Träume.

Vorgeschichte: Verlust des Sohnes und Rückkehr.

Lieber Andrea, ich fluchte damals, als du nach Deutschland gehen musstest, um ausgerechnet dort zu studieren, du wolltest Deutsch lernen, und ich hatte Angst, dass du in einer dieser unsäglichen Pizzerien landen würdest; meine Landsleute mögen mir verzeihen, sicher gibt es auch gute italienische Lokale in Deutschland.

Maike trafst du vor deinem ersten Urlaub zu Hause, es dauerte lange, bis du das erste Mal nach Hause kamst, und ich ahnte schon, was geschehen war. Die Liebe hatte meinen Andrea heimgesucht. Ja, Maike, du hast ihn verzaubert, aber du hast ihn uns auch zurückgebracht mit deiner Sehnsucht nach Italien.

Zu den Brauteltern: kein Verlust der Tochter.

Liebe Thea und lieber Wolfgang, ich persönlich werde dafür sorgen, dass die beiden oft nach Deutschland reisen werden, und ihr seid schon jetzt jederzeit willkommen in der Stadt, in der das Licht nicht nur die Steine mit dem Wasser vermählt.

Eine Tochter hinzugewonnen.

Ich bekomme endlich eine Tochter, eine Tochter mit Herz und Verstand, und ich freue mich sehr darüber. Mein lieber Sohn, eine gute Wahl hast du getroffen, ich bin stolz, und ich hoffe, dass ihr glücklich werdet, und ich schließe gleich an, dass ich mir viele kleine Bambini wünsche...

Toast

Salute, und Glück auf!

Rede eines Freundes

Zeit: 3 bis 5 Minuten

Liebe Mo, lieber Falk, liebe Freunde,

Vorgeschichte:
„Hast du die Frau
gesehen?"

wir hatten einen Traum, der Falk und ich: der Traum hieß Sahara. Nach dem Ende unserer Ausbildung hatten wir so viel zusammengespart, dass es losgehen konnte.

Wir kamen in Nairobi an, dem Ziel schon ein ganzes Stück näher. Wir suchten ein Hotel, um vor Ort zu entscheiden, wie es weitergehen sollte. Als Restauratoren haben wir eine relativ große Affinität zu Museen, so besuchten wir das ethnologische Nationalmuseum und da passierte es. Wir schlenderten umher und auf einem der Bewacherstühle saß Mo. Falk lief an ihr vorbei, schaute nur kurz, im angrenzenden Raum blieb er wie angewurzelt stehen, fragte mich: „Hast du die Frau gesehen?" Ich hatte sie nicht gesehen, Falk völlig entsetzt: „Dann geh' zurück und schaue sie an!" Obwohl man so etwas eigentlich nicht tut, tat ich es und kam zurück. „Ja, schön", antwortete ich. Falk schüttelte ungläubig den Kopf.

Wir verließen das Museum und kauften die Utensilien, die wir für unsere Wüstentour brauchten, zusammen; Falk immer irgendwie abwesend.

Unser Abenteuer begann, ich war irre aufgeregt und Falk von einer merkwürdigen Unruhe befallen. Immer wieder fing er an, von der Frau zu sprechen... Nach 14 Tagen war ich ziemlich gestresst auf das Thema, ich hatte mir diese lange zusammengesparten Ferien anders vorgestellt. Um es etwas abzukürzen: Kaum waren wir wieder in Nairobi, stürzte Falk in das Museum. Die Frau, die Mo heißt, war nicht mehr da! Eine Odyssee begann... Noch einmal eine Abkürzung, wir fanden die Frau...

„Jetzt ist er durchgeknallt."

Zurück in Deutschland traten wir beide unseren Job an. Nach kurzer Zeit erzählte mir Falk, dass er sich an ein Museum nach Nairobi beworben hätte; ich dachte: „Okay, jetzt ist er durchgeknallt."

Ein Geheimnis, das sich ...

Das Nächste, was ich hörte, besser las, war eine Ansichtskarte aus Nairobi. Ich hatte Falk versprochen, mit niemandem darüber zu reden, d. h. keinem den eigentlichen Grund seiner Afrikabesessenheit zu erzählen. Jetzt begann auch ich mich zu wundern!

... heute lüftet.

Ich freue mich, das ich jetzt das Geheimnis ein kleines bisschen lüften kann. Aber, liebe Freunde, auch ich bin überrascht, wie schnell wir auf der Hochzeit dieses tollen Paares tanzen. Eine echte Traumhochzeit! Und, wenn es wahre Liebe ist, ja dann spielt wenig anderes noch eine Rolle.

Zukunftswünsche

Ihr beiden, ich wünsche euch von Herzen, dass ihr alle Probleme mit eurer Liebe meistern könnt.

Rede der Schwester der Braut

Zeit: 3 bis 5 Minuten

Liebe Cornelia, lieber Dylan, liebe Freunde,

**Thema „Vorurteile"
als Aufhänger.**

mir sind immer wieder diese Unterschiede, d. h. diese Klischees eingefallen: „Schwarz und weiß erinnern an Tag und Nacht, an Licht und Schatten"; nur weiß ich nicht, wer bei euch was verkörpert. Denn genau diese Klischees greifen bei euch nicht. Sie beschreiben eure Liebe nicht.

**Vorgeschichte:
Liebe und
Sympathie
überwinden
Vorurteile.**

Ich möchte eine kleine Anekdote erzählen: Als Conny mir erzählte, dass sie sich in Dylan verliebt hätte, sagte sie, dass er ein „Ossi" sei. Neugierig, wie ich bin, wollte ich alles wissen, und sie schilderte und schwelgte, es schien mehr zu sein, als bei Conny sonst üblich. Ich konnte feststellen, dass sie sich über beide Ohren verliebt hatte und irgendetwas eben anders war. Irgendwann fragte ich, wie er denn zu seinem angelsächsischen Namen käme, und Conny erwähnte, dass du, Dylan, einen amerikanischen Vater hättest. Dies war für mich, im „Ländle" lebend, schon eine schräge Mischung.

Ich war sehr aufgeregt, als Dylan das erste mal zu Besuch kam. Als das Auto kam, schaute ich, wie aus vielen Filmszenen bekannt, aus dem Fenster und glaubte meinen Augen nicht zu trauen: Dylan ist dunkelhäutig, ein afroamerikanischer Ostdeutscher, das war wirklich der totale Hammer. Ich glaube, viele der Nachbarn, die mit Sicherheit hinter den Gardinen standen, dachten ebenfalls so und warteten gespannt, was passieren würde.

Nun, wir verlebten ein tolles Wochenende und alle waren sehr an Dylans Geschichte interessiert. Ein, Dylan entschuldige, „schwarzer Ossi". Sensationell war, dass es nicht nur innerhalb der Familie keinerlei Vorbehalte gegen diese Liebe gab. Auch alle Nachbarn und Freunde, die Dylan kennen lernten, waren plötzlich verzaubert. Dylan, wie hast du das gemacht? Mutti und Vati, was ist mit euch?

Sollte die fehlende Kritik, der nicht kommende Zweifel bedeuten, dass wir alle unseren Nächsten so lieben, wie uns selbst? Aber da dies bei uns möglich war, habe ich große Hoffnung… An diesem Wochenende geschah dann auch das Unglaublichste, denn Dylan bat meinen Vater um die Hand von Conny und dieser sagte sofort „ja".

Ausblick mit Zuversicht: „Eure Stärke überzeugt".

Ja, alle, ihr Lieben, haben „ja" gedacht und gesagt, nachdem sie euch eine Zeit lang erlebt hatten. Und dieses „Ja" feiern wir nun heute. Eure Stärke überzeugt, eure Liebe scheint aus euch zu leuchten, nein, dies ist nicht kitschig, es ist wirklich so. Ich wünsche euch, dass diese Kraft lange, vielleicht sogar für immer, in euch wohnt.

Wir alle wünschen euch eine glückliche, eine friedliche Zukunft.

Toast

Auf die Liebe, die keine Grenzen kennt, und darauf, dass meine Nichten und Neffen das Glück der Nächstenliebe erfahren und in eine tolerante, multikulturelle Gesellschaft geboren werden!

Reden zur zweiten ...
oder weiteren Eheschließung ...

Die zweite oder dritte Ehe, ein Thema, das je nach Vorgeschichte zu vielfältigen Reaktionen Anlass gibt. Zu direkten oder indirekten Ermahnungen: „Doch wir haben die Hoffnung, dass ihr beide als ‚gebrannte Kinder' sehr viel erreichen könnt. ... außerdem habt ihr ja auch ein Alter, in dem man bald weise ist, nicht?", aber auch zur Hoffnung auf neues und beständigeres Glück.

Ansprache des Sohnes des Bräutigams

Zeit: 3 bis 5 Minuten

Liebe Annette, lieber Vater, liebe Gäste,

Einstieg: der dritte Versuch. Metapher der Liebe als „Spiel": aus Fehlern „die Spielregeln" lernen.

alle guten Dinge sind drei, heißt es ... Ja, Dad, wir sind alle auf eurer Seite; d. h. jetzt auf der Seite von Annette und dir; wir wünschen uns, ich meine natürlich euch, von Herzen, dass es klappt. Die Liebe ist ein seltsames Spiel, doch ihr kennt die Spielregeln ja schon, wisst um Chancen und Verhaltensregeln. Es wäre schön, wenn ihr aus euren vorherigen Beziehungen gelernt habt. Doch wir haben die Hoffnung, dass ihr beide als „gebrannte Kinder" sehr viel erreichen könnt, außerdem habt ihr ja auch ein Alter erreicht, in dem man bald weise ist, nicht?

Die Vorgeschichte

Selbstverständlich freuen wir uns, dass es zwischen euch gefunkt hat auf der Reise, die wir dir, Dad, verordnet haben, und die du gar nicht antreten wolltest. Damals dachtest du, eine Kreuzfahrt wäre nur etwas für „Scheintote", so dein Ausdruck. Annette konnte dich sicher eines Besseren belehren!

Der gute Einfluss der Braut.

Liebe Annette, es ist schön zu sehen, wie du mit unserem Vater umgehen kannst, er scheint vernünftiger geworden zu sein, auch zuverlässiger ist er, und das wichtigste: Er ist richtig glücklich!

Zukunftswünsche

Ihr Lieben, wir wünschen euch, dass eure Liebe hält.

Rede der Tochter der Braut

Zeit: 3 bis 5 Minuten

Liebe Mutti, lieber Günter, liebe Gäste,

Motto „neues Glück" als Einstieg.

ein neues Glück, liebe Gäste, ein neues Glück, finde ich, kann auch gekrönt werden mit einem Eheversprechen; dies nun habt ihr euch heute gegeben. Zwei Jahre habt ihr euch geprüft, bevor ihr diesen Schritt gegangen seid. Und jetzt werdet ihr auch in ein gemeinsames Haus einziehen, ein Haus mit Garten für eure vierbeinigen Freunde.

Einführung des Themas „Hund".

Vorgeschichte: Eheanbahnung durch den Hund.

Ja, liebe Gäste, es geschah im Grunewald; meine Mutter geht dort täglich spazieren, mit ihrem treuen Begleiter. Othello, ihr Bobtail, hält sie sozusagen fit. Sie verweilt ein wenig an der Hundebadestelle und schaut mit Freude den vielen Hunden bei ihrem Spiel zu. Dieser Ort ist wirklich ein Ort nur für Hundefreunde. Eines Tages fiel mir auf, dass meine Mutter sich vor dem Spazierengehen extra zurechtmachte, wie man bei uns sagt. Ich beobachtete sie; es schien ein neues Ritual zu sein. Dann, nach einer Zeit, rief ich meine Mutter an einem Samstagabend an, ich wollte sie für einen Kinobesuch begeistern. Sie sagte ab und meinte, sie sei schon eingeladen. Ich freute mich, denn sie klang sehr vergnügt, und so fragte ich, mit wem sie sich denn treffe – die meisten ihre Freunde kenne ich – und sie antwortete: „Mit Günter, den kennst du nicht!"

Ich war erstaunt, sie hatte aber keine Muße zum Reden. Am Sonntag rief ich wieder an, meine Mutter war nicht zu Hause und dies morgens um 11 Uhr; ich war ziemlich überrascht. Um die Geschichte abzukürzen: Meine Mutter lud mich irgendwann ganz groß zum Essen ein. Wir speisten vorzüglich, es war ein wirklich tolles Lokal und wir beide waren sehr

vergnügt. Dann bestellte meine Mutter Champagner und eröff-
nete mir, sie müsse mit mir anstoßen… „Doris", sagte sie, „ich
werde wieder heiraten!"

Die Bombe war geplatzt!

**Freude über den
„Familienzuwachs".**

Lieber Günter, ich freue mich, dass du in das Leben meiner
Mutter getreten bist und auch dein vierbeiniger Freund „Die
Callas", ein Windspiel.

Zukunftswünsche

Für eure Ehe, eure Liebe wünsche ich euch aus tiefstem
Herzen alles Glück!

Ansprache eines Trauzeugen

Zeit: 4 Minuten

Liebe Angela, lieber Tobias, liebe Gäste,

Einstieg mit Anekdote und Metapher um die Worte „bewegen" und „Herz".

in unserem gemeinsamen Urlaub erinnere ich folgende Szene: Ihr betrachtet die Fahne, die über der Festungsanlage von Zagreb im Wind flatterte. „Die Fahne bewegt sich", sagtest du, Angela. „Nein", erwiderte Tobias, „nicht die Fahne bewegt sich. Der Wind bewegt sie." In diesem Augenblick kam ich vorbei. „Weder die Fahne bewegt sich", sagte ich, „noch der Wind. Eure Herzen bewegen sich!" Da erschrakt ihr und schautet mich mit großen Augen an. Alles war anders nach dieser Bemerkung, die ich dahingeworfen hatte, aber ehrlich gemeint hatte.

Vorgeschichte: Befreiung von der Trauer um die früheren Partner.

Vielleicht habe ich euren Herzensstein etwas früher ins Rollen gebracht als es sowieso passiert wäre. Die Behutsamkeit, mit der ihr euch nähertet, hatte etwas Sparsames und sehr Respektvolles. Tobias half dir, liebe Angela, und du halfst damit ihm. Beide konntet ihr gemeinsam einander die Trauer, die noch in euch steckte, über den Verlust eurer vorhergehenden Partner erleichtern. Ihr habt es geschafft: Euer Ziel schien

Neues Glück: ein Bund der Freiheit und des Lachens.

irgendwann, euch das Glück des Lachens zu verschaffen; das Lachen ist ein Zeichen der Freiheit. Mit dem heutigen Tag schenkt ihr euch die Freiheit mit dem Bund, den ihr geschlossen habt, zurück.

Glückwunsch und Zitat zum Stichwort „Lachen".

Es ist sehr schön, daran teilhaben zu dürfen! Ich wünsche euch Glück und sage mit Horaz: „Ridendo corrigo mores!" (Durch Lachen verbessere ich die Sitten.) Auf euch, zum Wohl!

Eine Freundin der Braut spricht

Zeit: 2 bis 4 Minuten

Liebe Elena, lieber Veit, liebe Gäste,

Zitat zum Thema „Erkenntnis". Ermahnung: aus Erfahrungen Erkenntnisse für die neue Ehe schöpfen.

„Nicht in der Erkenntnis liegt das Glück, sondern im Erwerben der Erkenntnis." Edgar Allan Poe wusste, was er sagt; ich hoffe nun, dass ihr wisst, was ihr tut, besser, getan habt. Für euch beide ist es die zweite Ehe, eure ersten Ehen scheiterten, weil ihr beide nicht bereit wart, Erkenntnis zu erwerben; ihr gingt beide davon aus, sie schon erworben zu haben. Ja, meine Lieben, harte Worte, aber wir alle wollen, dass ihr es diesmal schafft, dass diese Ehe gut geht.

Zeit der Prüfung: Freiheit und Gemeinsamkeit genießen.

Eine ganze Zeit der Prüfung habt ihr euch auferlegt, ihr lebt in getrennten Wohnungen und seid bedacht darauf, dass ihr euch in euren Freiheiten nicht einschränkt. Wie ich erfahren konnte, pflegt ihr viele, ausgesprochen viele Gemeinsamkeiten, Hobbys, d. h. ihr könnt euch mit Verständnis begegnen, wenn es um eure Leidenschaften geht; dies ist sicher viel wert.

Abschluss mit Stichwort „Erkenntnis". Toast

Ich wünsche euch auf alle Fälle, dass es mit dem Erwerben der Erkenntnis klappt und ihr einem langen Glück entgegenseht.

Auf euren Mut und eure Liebe möchte ich mit euch anstoßen und euch hochleben lassen!

Die Patchworkfamilie

Nicht nur in Fernseh-Soaps, auch im richtigen Leben passiert es: Zwei heiraten, und prompt ist eine „kinderreiche" Familie entstanden, weil da noch die Kinder aus erster Ehe waren. Gelegenheit, vom neuen Glück der Brautleute zu berichten oder der Hoffnung auf ein harmonisches Familienleben Ausdruck zu geben: „…hier sind nicht nur zwei zusammengekommen und glücklich, sondern insgesamt fünf, die gemeinsam weitergehen wollen."

Ansprache der Tochter/des Sohnes des Bräutigams

Zeit: 3 Minuten

Liebe Sigrid, lieber Dad,

Vorgeschichte unter dem Motto „Liebe kennt kein Alter".

Mittfünfzig seid ihr. Euer Gefühl ist in euch gereift, die Sehnsucht, die wir an euch beiden entdecken konnten, wenn ihr aus arbeitstechnischen Gründen getrennt wart. Die stillen Wünsche und die Empfindungen beschreiben kein Alter, sondern nur die Liebe, die ihr hegt. Wenn in den Abendstunden dann das Telefon klingelte, konnten wir ein Leuchten in den Augen des zu Hause Sitzenden sehen, Sterne schienen aufzugehen, sicher auch am anderen Ende der Leitung. Liebe hat kein Alter, Liebe ist oder ist nicht; dass ihr eure jetzt besiegelt habt, füreinander einstehen wollt und dies nicht nur mit unserem, sondern auch mit christlichem Segen, ist eine große Freude.

Die Brautleute als Eltern. Rückblick und Dank.

Zusammen haben wir geprobt, und es war nicht immer leicht, doch euer Mut hat uns mutig werden lassen. Liebe Sigrid, deine Mühe war bewundernswert, alles hast du mit Verständnis goutiert, langsam angefangen, uns Grenzen zu setzen, Überschreitungen klar zu machen, und Dad, du hast dich in Geduld geübt. Wir sind euch dankbar, haben euch ins Herz geschlossen und freuen uns, dass ihr Familienzellen heiratet.

Toast

Auf euer Glück, auf eure Liebe, zum Wohl!

Ansprache der Tochter/des Sohnes der Braut

Zeit: 3 bis 5 Minuten

Liebe Mutti, lieber Werner,

Frage „Warum heiraten?" als Einstieg. gemeinsamer Weg zu zweit ... ... und zu fünft.

Warum heiratet man? „Weil man glücklich ist und weil es ein Versprechen ist", habt ihr geantwortet! Es war ein sehr schönes Versprechen, das ihr euch heute gegeben habt. Ihr wollt euch begleiten, so wie ihr es jetzt schon seit drei Jahren mit sehr viel Hingabe und Respekt auch im Hinblick auf uns drei tut.

In der Werbung heißt es gegenwärtig „Come together!" Ja, liebe Freunde, hier sind nicht nur zwei, sondern insgesamt fünf, die gemeinsam weitergehen wollen. Solange eure Liebe hält, und wir wünschen euch, dass dies sehr lange sein wird, werden wir mit euch durch „dick und dünn" gehen. Eure Liebe, die für uns zunächst etwas Neues war, hat uns Freude ins Haus gebracht. Eine so glückliche Mutter kannten wir lange Zeit nicht und Tommy kannte keinen so lustigen Papa.

Vorgeschichte: das Glück der Eltern bringt neues Leben in die Familie. Wünsche und Versprechen für die Zukunft zu fünft.

Wir möchten euch sagen, dass wir glücklich sind, dass ihr euch gefunden habt, und dass wir wissen, was es heißt, einander zu begleiten, zu einander zu stehen in guten und in schlechten Zeiten. Euch erhoffen wir mit uns zusammen viele lustige, gute Tage und in schlechten Augenblicken vertrauen wir auf Verständnis und Auseinandersetzung, so, wie wir es jetzt schon lange von euch kennen. Ein Versprechen beinhaltet die Kraft, einander zu vertrauen, wir vertrauen auf euch und eure Liebe! Also, strengt euch an, wir versprechen, es zu tun!

Zitat und Toast zum Abschluss.

Auf die Liebe! Und mit Friedrich Schiller sage ich uns allen: „Dem Glücklichen schlägt die Stunde."

Mit euch allen zusammen möchte ich jetzt, dass wir Werner und Mutti hochleben lassen! Hoch sollen Sie leben!

Rede eines Trauzeugen

Zeit: 3 bis 5 Minuten

Liebe Elisabeth, lieber Curt, verehrte Gäste,

Vorgeschichte mit Zitat als Einstieg: das „Wunder" einer neuen Beziehung.

Wunder geschehen immer wieder ...
Ihr begannt euch zu lieben, sehr sacht, behutsam und leise. So wie zwei, die mit ihrem Aufbruch in ein neues Leben keine Unruhe stiften wollen. Ihr habt der Verzweiflung den Rücken gekehrt, habt Gesellschaften gegeben und enge Freunde und Bekannte erstaunt.

Metaphorische Beschreibung der Beziehung: Wörterbuch mit einfachen Sätzen.

Das Wörterbuch eurer Liebe besteht aus einfachen Sätzen, Befehls- und Fragesätze fehlen. Euren Kindern habt ihr erklärt, Liebe kann sich nur in einfachen Sätzen mitteilen. Sobald sie sich zu erklären beginnt, dementiert oder überredet, ist es nicht mehr Liebe, sondern ein menschliches Geschäft, das ihr nicht mehr unterhalten wollt.

Liebe zwischen vierzig und fünfzig: ein großes – und realistisches Glück.

Gern war ich euer Trauzeuge. Ihr erzähltet mir, dass ihr füreinander genau die Menschen seid, denen ihr einen Brief schreiben möchtet. Ihr zeigt uns, dass das Leben zwischen vierzig und fünfzig tatsächlich nicht blass und reizlos ist, sondern, dass es ein großes Glück gibt. Wahrhaftig, mit eurer Liebe habt ihr die Wirklichkeit erkannt, ihr versucht sie zu ertragen und zu verstehen; möge es euch gelingen; bei der Mithilfe eurer Kinder.

Toast

Liebe Gäste, erheben Sie zusammen mit mir das Glas auf unser Brautpaar. Zum Wohl!

Reden verschiedener Gratulanten

Zwei Ihrer Angestellten heiraten und laden Sie zur Hochzeit ein? Sie werden gebeten, einem Brautpaar im Namen Ihrer Kollegen zu gratulieren? Als Chef haben Sie vielleicht amüsiert oder gerührt Anteil an der Vorgeschichte genommen: „Ich fühle mich gewissermaßen ein wenig verantwortlich für Ihr Glück." Als Kollege können Sie aus dem Nähkästchen plaudern: „Er hat ein Geheimnis daraus gemacht, aber ich habe es gelüftet, lieber Jochen."

Der Chef spricht

Zeit: 3 Minuten

Liebe Frau Stern, lieber Herr Weinert,

Gratulation im Namen der Kollegen.

ich freue mich, gemeinsam mit ihren Freunden und Familien an dieser tollen Hochzeit teilzunehmen. Im Namen aller Kolleginnen und Kollegen gratuliere ich Ihnen herzlich!

Vorgeschichte: Liebe in der EDV-Abteilung.

Ich fühle mich gewissermaßen ein wenig verantwortlich für ihr Glück. Was nicht alle wissen können, sei kurz berichtet. Der liebe Herr Weinert kam erst vor anderthalb Jahren zu uns, er bewarb sich mit zwei Mitstreitern um eine Technikeranstellung in der EDV-Abteilung. Es war für mich als Chef eine sehr schwierige Auswahl unter den Bewerben, denn sie waren alle sehr qualifiziert; Herr Weinert überzeugte dann. Ja, seine Persönlichkeit, dieser erlag dann auch Frau Stern, meine rechte

Lob der Brautleute.

Hand im Büro. Liebe am Arbeitsplatz, ein häufiges Klatschthema, aber liebe Gäste, bei uns hat niemand etwas gemerkt, nicht einmal ich. Frau Stern und Herr Weinert haben ihr Privatleben absolut vom Berufsleben getrennt. Sie sind souveräne Mitarbeiter, zuverlässig und tragen mit Humor zum Teamgeist bei. Ich bin zuversichtlich, liebe Frau Stern, lieber

Ausblick

Herr Weinert, dass Sie auch in ihrer Ehe jedes Problem gelöst bekommen.

Zukunftswünsche mit Zitat als Abschluss.

Ein Sprichwort aus meiner ungarischen Heimat besagt: „Im Traum und in der Liebe erscheint einem alles möglich." Ich wünsche Ihnen, dass Vieles für Sie möglich wird und selbstverständlich, dass Sie in unserem Team noch lange mitarbeiten. Viel Glück!

Gratulation der Kollegen

Zeit: 3 Minuten

Liebe Olga und lieber Jochen,

Gratulation im Namen der Kollegen.

ich darf – d. h. ich wurde ausgewählt und ich mache es sehr gern – dir, lieber Jochen, im Namen deiner Kolleginnen und Kollegen, und auch dir liebe Olga, ganz herzlich gratulieren. Wünsche, Träume und Sehnsüchte, wir haben sie alle. Ich wollte immer eine große Reise zu meiner Hochzeit machen, wenn mich endlich eine will, doch nachdem ich heute diese – eure – Trauung erleben konnte, werde ich noch einmal nachdenken müssen. Eine klassische Hochzeit, das Jawort in der Kirche, dies hat mir gefallen, und jetzt diese Feier ... schön!

Der Bräutigam: vorher und nachher. Wie man einen Draufgänger einfängt.

Liebe Olga, seitdem es dich gibt, ist der gute Jochen richtig zuverlässig geworden, d. h. er kommt fast nicht mehr zu spät und vergisst auch plötzlich viele Kleinigkeiten nicht mehr; irgendetwas muss das mit dir zu tun haben. Jedenfalls vermuteten dies sofort, nachdem es auffiel, Susanne, Petra und Gesine, sie vermuteten richtig, wie wir heute wissen. Tja, die drei haben ja jetzt Pech gehabt, deshalb tragen sie heute auch einen kleinen Trauerflor. Nein, Olga, kein Grund zur Eifersucht, alle sind in festen Händen, aber der Jochen, der war ein Heißbegehrter, jedenfalls sind immer alle Frauen viel netter zu ihm gewesen als zu uns restlichen Männern. Er gab uns gute Tipps, damit ist dann jetzt wohl auch Schluss – aber Jochen, du musst uns allen noch verraten, wie du Olga gefunden hast. Er hat ein Geheimnis daraus gemacht, aber ich habe es gelüftet, lieber Jochen. Ich war letzte Woche mit deiner Frau Kaffee trinken, und sie hat mir erlaubt, es zu erzählen. Liebe Freunde, unser ehemaliger Draufgänger ließ sich aufreißen. Toll, dass Frauen so etwas machen, damit habe ich wieder Hoffnung und viele andere hier vielleicht auch. Noch toller ist natürlich, dass Derartiges auch Männern wie Jochen widerfährt, unser Jochen bekam einen Heiratsantrag von seinem „Superweib"; und er hat ihn gerührt angenommen, wie mir Olga schilderte.

Lob der Brautleute.

Ihr seid Klasse, ihr Beiden, und euer Mut, schon nach einem halben Jahr in den Hafen der Ehe einzulaufen, lässt uns alle hoffen, dass man es merkt, wenn man die Richtige oder den Richtigen gefunden hat.

Toast

Liebe Gäste, ich bitte Sie, gemeinsam mit mir das Glas zu erheben und auf unser Brautpaar anzustoßen. Glück auf!

Tisch- und Begrüßungstoasts

Ein Toast oder Trinkspruch ist in der Regel kürzer als eine Ansprache. Der Toast auf das Brautpaar kann im Prinzip dieselben Elemente wie eine Hochzeitsrede enthalten, alles jedoch in knapperer Form. Hauptbestandteil ist natürlich der eigentliche Trinkspruch zu Ehren der Brautleute: „Jetzt lasst uns alle das Glas erheben und darauf trinken, dass Katharina und Fritz ihre Liebe pflegen, ihren Enthusiasmus behalten, ein Baby kriegen..."

Toast des Brautvaters

Zeit: 3 Minuten

Meine liebe Anna, lieber Johannes, liebe Gäste,

Vorgeschichte: Tennisspiel als Aufhänger und als Metapher für die Beziehung.

ihr habt euren Matchpunkt gemacht, das Spiel ist gewonnen, das des Werbens. Viele wissen es und ich erinnere noch einmal daran: Es begann auf dem Tennisplatz, vor vier Jahren. Anna verschlug fast jeden Ball, nachdem Johannes auf dem Nebenplatz aufgetaucht war; damals wäre ich nicht so ärgerlich gewesen, wenn ich gewusst hätte, wohin dieses Verschlagen führen würde. Ich ahnte es nicht und war richtig sauer, denn, liebste Anna, so unkonzentriert kannte ich dich nicht. Unser verlorenes Match ist lange vergessen und, lieber Johannes, wir haben dich mit Freude als Sohn und Mitspieler in unser Doppel aufgenommen. Das Zusammenspiel funktioniert, wie wir sehen, nicht nur auf dem Tenniscourt, sondern auch auf dem Schlachtfeld der Gefühle.

Eurer Liebe wart ihr euch, wie ich von Anfang an sah, sicher, auch Johannes Auslandsaufenthalt konnte euren Gefühlen nichts anhaben, die E-Mails flogen durch den Äther und selten hörte ich von einer Auszeit.

Ausblick: ein ideales Mix.

Es wird viel Kraft kosten, das Spiel der Ehe immer aufs Neue zu gewinnen, aber ich habe ein sehr gutes Gefühl, ihr paßt als Mix zusammen. Mit einem lachenden und einem weinenden Auge lasse ich also meine Mixpartnerin – dich geliebte Anna – gehen. Dir, Johannes, gebe ich mit auf den Weg: Wenn sie anfängt, Bälle zu verschlagen, wird es kritisch, dann musst du dich ins Zeug legen. Meine Lieben, ihr wisst, dass die Bälle nicht über die Grundlinie hinausfliegen dürfen, wenn ihr euch daran haltet, werdet ihr die Schwierigkeiten meistern.

Zukunftswünsche   Euch Beiden wünsche ich nicht nur von Herzen „gut Holz",
sondern alles Glück dieser Welt. Vergesst nie, warum ihr
geheiratet habt – aus Liebe.

Toast   Nun, liebe Freunde, möchte ich mit euch anstoßen, auf ein
tolles Paar, auf ein Supermatch, auf Anna und Johannes!

Toast der Brautmutter

Zeit: 3 Minuten

Liebe Sofie, lieber Christian, liebe Hochzeitsgesellschaft,

Tradition und Emanzipation als Aufhänger.

emanzipiert ging es bei uns in der Familie schon immer zu, deshalb halte ich die traditionelle Hochzeitsrede und nicht mein Mann. Ich freue mich, dass wir eine so große Hochzeitsgesellschaft haben, denn Sofie träumte schon als kleines Mädchen von einer großen Feier in Weiß. Ein Dank also an alle Gäste, die keine Kilometer gescheut haben, um heute mit euch, liebe Sofie und lieber Christian, zu feiern.

Dank an die Gäste.

Traditionelle Hochzeit – moderne Beziehung.
Lob der Braut ...

... und des Bräutigams.

Ihre Beziehung.

Ihr habt euch Treue nach altem christlichen Brauch am Altar geschworen, nicht bis in den Tod, sondern bis an das Ende eurer Liebe, eine emanzipierte Form mit traditionellen Werten auch hier. Meine liebe Sofie, wir sind stolz auf dich, auf deinen bisherigen Lebensweg und auch auf die Wahl, die du mit Christian als Lebenspartner getroffen hast. Lieber Christian, dich haben wir schätzen gelernt, lieben gelernt, da wir beobachten konnten, wie du mit unserer einzigen Tochter umgehst. Es erfreut uns alle, zu sehen, wie ihr mit Humor, mit Toleranz aufeinander eingeht und eure Liebe immer noch zu wachsen scheint.

Eröffnung der Feier und Zukunftswünsche.

Eine Hochzeit ist Grund zum Feiern und dies wollen wir nun tun. Liebe Gäste, lassen Sie uns dem Brautpaar ein Fest bereiten, das sie nie vergessen werden. Liebe Sofie und lieber Christian, euch wünschen wir, dass euer gemeinsames Leben genauso schön wird wie dieses Fest, eure Liebe lange währt.

Toast

Lassen Sie uns jetzt gemeinsam auf das Brautpaar anstoßen!

Toast des Vaters des Bräutigams

Zeit : 3 Minuten

Liebe Kim, lieber Torben, liebe Freunde,

„Lernfähigkeit" als Motto. Generationskonflikt Vater/Sohn wird angedeutet. Vater „lernt" neuen Wortschatz.

„cool", ihr Beiden – ja, ich bin lernfähig, liebe Gäste, und habe meinen Wortschatz etwas erweitert. Vor allem bin ich aber erleichtert, denn mit dem heutigen Tag gehören die wilden Zeiten unseres Sohnes der Vergangenheit an. Liebe Kim, du hast es geschafft, du konntest Torben zähmen. Wie, wird wohl ein Rätsel bleiben, oder vielleicht erfahren wir es heute noch…

Sohn lernt traditionelle Werte schätzen.

Spannend ist diese „Story" bestimmt. Nun, die Überraschung mit eurer Hochzeit hat uns „tierisch" glücklich gemacht. Bis vor kurzem, lieber Torben, fandest du Heiraten total „uncool". Es ist schön, auch deine Lernfähigkeit zu beobachten, mein lieber Sohn, zu sehen, dass du mit großem Stolz einen Ring am Finger trägst.

Lob der Braut…

… und des Paares.

Ehe „lernen".

Liebe Kim, du kamst an und du siegtest nicht nur bei Torben, sondern auch bei uns. Dein Lachen, das nie lächerlich wird, steckt uns immer wieder an. Wir freuen uns einfach, zu sehen, wie ihr begonnen habt, euer gemeinsames Leben mit so viel Verantwortung zu gestalten. Wenn ihr euren Sinn für Humor nicht verliert und weiterhin lernfähig bleibt, schaut ihr echt „coolen" Zeiten entgegen.

Zukunftswünsche und Toast.

Liebe Kim, lieber Torben, wir wünschen euch eine Menge „fun" und – jetzt ganz traditionell – von Herzen Glück. Liebe Freunde, lasst uns die beiden „Coolen" jetzt zusammen hochleben. Zum Wohl!

Toast der Mutter des Bräutigams

Zeit: 3 Minuten

Liebe Katharina, lieber Fritz,

Einstieg mit Thema „Probezeit". Vertrauen der Eltern in die Beziehung

lange habt ihr einander geprüft und dies, obwohl ihr schon vor fünf Jahren mit Enthusiasmus davon spracht, euer Herz aneinander verloren zu haben. Es hat mir sehr gefallen, dass ihr euch eine Probezeit auferlegt habt. Heute seid ihr sicher und auch wir sind sicher, dass ihr zueinander passt. Wir teilen eure Freude und glauben, dass ihr eine glorreiche Zukunft vor euch habt.

Stolz über angekündigten Nachwuchs.

Unsere Freude wuchs, ich kann es nur schwer beschreiben, als wir, liebe Gäste, erfuhren, was ich Ihnen jetzt mitteilen darf: Katharina und Fritz sind schwanger.

Was ist eine gute Ehe?

Ihr Lieben, für eine gute Ehe gibt es einen einfachen Maßstab: Man ist dann glücklich verheiratet, wenn man lieber heimkommt als fortfährt.

Toast und Zukunftswünsche.

Jetzt lasst uns alle das Glas erheben und darauf trinken, dass Katharina und Fritz ihre Liebe pflegen, ihren Enthusiasmus behalten, ein Baby kriegen und auch in Zukunft positive Entscheidungen treffen. Zum Wohl!

Ansprachen zur silbernen Hochzeit

Nach 25 Jahren hat eine Ehe außer der
spannenden Vorgeschichte auch eine
hoffentlich ebenso spannende Geschichte,
auf die es rückzublicken gilt: „Ein Viertel-
leben angefüllt mit Liebe und Vertrauen,
auch in schweren Zeiten, dies wollen wir
heute zusammen feiern." Natürlich bewegt
die Gäste die Frage, wie eine Ehe so lange
Zeit funktionieren kann: „Euer Rezept für
eine gute Ehe ist das Reden, das Zuhören
und der Respekt, den ihr euch einräumt."

Rede des Sohnes

Zeit: 3 bis 5 Minuten

Liebe Mutter, lieber Vater, verehrte Gäste und Freunde,

Nähe des Geliebten

Ich denke dein, wenn mir der Sonne Schimmer
Vom Meere strahlt;
Ich denke dein, wenn sich des Mondes Flimmer
In Quellen malt.

Ich sehe dich, wenn auf dem fernen Wege
Der Staub sich hebt;
In tiefer Nacht, wenn auf dem schmalen Stege
Der Wandrer bebt.

Ich höre Dich, wenn dort mit dumpfem Rauschen
Die Welle steigt.
Im stillen Haine geh' ich oft zu lauschen,
Wenn alles schweigt.

Ich bin bei dir, du seist auch noch so ferne,
Du bist mir nah!
Die Sonne sinkt, bald leuchten mir die Sterne.
O wärst du da!
(Johann Wolfgang von Goethe)

Anknüpfung an das Stichwort „Nähe".

Ihr habt in 25 gemeinsamen Jahren immer wieder aufs Neue die Nähe des anderen gesucht, habt nach Phasen der Entfernung, ja manchmal der Wut und der Verzweiflung, wieder zueinander gefunden. Und ihr habt es geschafft, dass ihr nie

**Rückblick auf
eine gesunde
Partnerschaft.**

Eure Liebe, nie den Respekt voreinander verloren habt. Ich
kann sagen, dass ihr eine ausgeglichene Ehe führt, eine mit
Höhen und Tiefen, also eine gesunde Partnerschaft lebt.

Lob des Paares.

Viele Lebensstürme zogen nicht an euch vorbei, ihr habt
zwei Kinder gezeugt, liebevoll begleitet und hattet oftmals
Schwierigkeiten. Aber immer habt ihr eure Liebe verteidigt,

**Die Beziehung
auf den Punkt
gebracht.**

und dies ist ein großes Lob wert. Ein Motto kann man eurer
Liebe unterstellen; H. L. Mencken formulierte es: „Liebe ist
der Triumph der Fantasie über den Verstand." An Fantasie
hat es euch nie gefehlt, und ich wünsche euch, dass dies noch
lange so bleibt.

Rede der Tochter

Zeit: 2 bis 4 Minuten

Liebe Mutti, lieber Dad, liebe Freunde,

Warum diese rauschende Party? Die Vorgeschichte: zur Hochzeit im kleinen Kreise verdammt. Ausblick auf die Feier.

ja, ihr staunt schon nicht schlecht, ihr Lieben! Eine Party, eine Hochzeitsparty, wie es sich gehört ...! Liebe Gäste, meine Eltern hätten damals, vor 25 Jahren, gern eine Feier mit Freunden mit allem drum und dran gehabt, aber die Familie sprach ein Machtwort und es wurde ein Fest im kleinen Kreis.

Ja, ihr Lieben, jetzt wird es für euch gleich spannend, denn es wird auch das ganz große Wiedersehen geben. Mutti zuckt schon ein wenig ungläubig um die Mundwinkel, zucke nur, denn nach 25 Jahren wird wahr, wovon ihr geträumt habt. Diese schöne Tafel ist eine potemkinsche, denn wir haben versucht, alles geheim zu halten, und es sieht so aus, als wenn wir es geschafft haben. Dieser sehr nette kleine Kreis mit vielen Freunden, den ihr in den letzten 25 Jahren gemeinsam aufgebaut habt, wird nun ein wenig erweitert.

Lob des Paares.

Bevor wir jetzt eine heiße Hochzeitsparty, die ihr euch absolut verdient habt, feiern, möchte ich noch sagen, dass ihr ein tolles Liebespaar seid und hoffentlich noch lange sein werdet.

Dank an die Helfer.

Einen Dank an dieser Stelle möchte ich noch loswerden: Martha und Dietz, ihr wart spitze, ohne euch hätten Hans und ich es nie geschafft: vielen Dank!

Lieber Hans: „Tür auf!"

Allen jetzt viel Spaß, besonders unserem Silberpaar!

Rede der Schwiegertochter

Zeit: ca. 5 Minuten

Liebes Silberpaar, verehrte Gäste, liebe Freunde,

Ein Vierteljahrhundert Liebe und Vertrauen. Rückblick einer Schwiegertochter.

ein viertel Leben angefüllt mit Liebe und Vertrauen, auch in schweren Zeiten, dies wollen wir heute zusammen feiern.

Vor fünf Jahren kam ich in diese Familie, eine harmonische Gemeinschaft. Vieles von dem, was mir mein Mann Thomas erzählt hatte, konnte ich nicht glauben, es war einfach zu nett, um dahinter nicht Abgründe zu erwarten.

Lob des Paares und der Familie.

Liebe Marianne, lieber Martin, ihr nahmt mich freudig und neugierig auf, ebenso wie ich euch. Liebe Festgemeinde, was sich mir erschloss, war tatsächlich eine harmonische Gemeinschaft. Ich sage sehr bewusst Gemeinschaft, denn in einer solchen sind die Dazugehörigen auch bereit, Konflikte offen auszusprechen. Manchmal in den ersten Jahren war es mir unheimlich, unterschiedliche Meinungen, auch unter dem Silberpaar, waren kein Problem. Ich kannte nichts, was die Harmonie störte. Im dritten Jahr meiner Ehe mit Thomas dachte ich dann, die sind eine Idealfamilie; merkwürdig. Was ich sah, was ich wahrnahm, war eine überwältigende Liebe der Menschen untereinander.

Lob der Schwiegermutter...

Liebste Marianne, es scheint mir deine Wärme zu sein, deine positive Aura, ich kann es nicht anders bezeichnen. Jedem Lebewesen zollst du Respekt, dies hat nicht nur auf deinen Mann abgefärbt in 25 Jahren, sondern auch auf deine drei Kinder. Dein Optimismus auch in schwierigen Lebenslagen ist bahnbrechend, woher nimmst du diese Kraft, und ich denke, ich bin nicht die Einzige, die sich dies fragt. Es ist wunderbar!

... und des Schwiegervaters.

Lieber Martin, deine Rechtschaffenheit hat dir viele Ehren-
ämter beschert und Ansehen im Betrieb. Dein Gottvertrauen
ist vielleicht mit Mariannes Optimismus zu vergleichen und
doch ist es anders. Eine Ehe zwischen einem gläubigen Christen
und einer Atheistin, wie geht das? Ich habe es mich lange
gefragt, liebe Gäste, sie reden einfach miteinander, sie hören
nie auf, miteinander zu reden, sich ihre unterschiedlichen
Ansichten mitzuteilen.

Rezept für eine gute Ehe: Zuhören und Respekt.

Euer Rezept für eine gute Ehe ist das Reden, das Zuhören
und der Respekt, den ihr euch einräumt. „Den anderen zu-
lassen", sagst du immer, Marianne. Ja, es ist bewundernswert,
wie ihr es immer wieder schafft, ihr redet ja nicht nur, sondern
ihr handelt und setzt die gesprochenen Worte um, dies, glaube
ich, ist euer größter Verdienst.

Motto der Familie: die Möglichkeit des Guten erwarten.

Martin, ausgerechnet du hast dir zu deinem Lebensmotto
einen Ausspruch des dänischen Philosophen Sören Kierkegaard
gemacht, den auch alle deine Söhne übernommen haben und
Marianne teilt: „Hoffen heißt: die Möglichkeit des Guten
erwarten!"

Ich freue mich, dass ich eurem Sohn Thomas begegnet bin
und so auch euch immer wieder begegnen kann.

Zukunftswünsche

Euch wünsche ich auch in den nächsten 25 Jahren Liebe,
Hoffnung und weiterhin viele Träume zum Verwirklichen.

Ansprache eines Bruders des Ehemanns

Zeit: 3 bis 5 Minuten

Liebe Gesine, lieber Enno, liebe Freunde,

Rückblick auf die Hochzeit mit Originalgedicht.   vor genau 25 Jahren sprach ich folgende Worte:

„Werte Brautleute!

Wir wünschen euch zu dieser Stund
Viel Glück zu eurem Herzensbund!
Es mög' des Himmels reichster Segen
Begleiten euch auf allen Wegen!
Es ist kein Wahn, man lebt zu zwein
Viel angenehmer als allein,
Was in des Brautstands schönen Stunden
Ihr mehr als einmal schon empfunden.
Zum Ehestand, der bald nun kommt,
Lasst wünschen euch, was jedem frommt:
Mög' euch der liebe Gott erfreu'n.

Stichwort „Kinder".   Mit einer Anzahl Kinderlein:
Zwei, drei – ein Dutzend, – je nachdem,
Es sei euch ersprießlich und bequem,
Sie mögen wachsen und gedeih'n
Und allzeit eure Freude sein.
So dass der Mann, was nützlich ist,
Selbst den Pantoffel drob vergißt. –
Zum letzten Wunsche komm ich nun:
Ich wünsch, ihr mögt ein Einsehn tun
Und den geplagten, armen Knaben,
Die weder Braut noch Liebste haben,

Den Eh'zoll geben, so bemessen,
Wir hoffen drauf mit Zuversicht,
Dass wir drob unser Lied vergessen.
Und unsere Wünsche gelten nicht,
Wenn unsere Bitte ihr versagt.
Drum, lieber Bräut'gam, frisch gewagt.
Greif in die Tasche ohne Groll
Und gib uns gern den Ehezoll;
Dann stören wir nicht länger mehr,
Und ihr könnt küssen wie vorher!"

Anknüpfung an das Stichwort. Rückblick und Wünsche für die Zukunft.

Ihr habt zwei wunderbare Kinder herangezogen, die nicht immer eine Freude waren, ihr habt eure Firma zum Erfolg geführt und steht nun in der Blüte eures Lebens; ich wünsche euch, dass ihr genauso weitermacht, vielleicht mit etwas mehr Gelassenheit, mit etwas mehr Ruhe, denn die habt ihr euch wahrlich verdient.

Toast

Liebe Freunde, lassen Sie uns das Silberpaar hochleben! Zum Wohl!

Rede der Mutter der Ehefrau

Zeit: 2 bis 4 Minuten

Liebe Edith, lieber Josef, liebe Gäste,

Keine Rede, nur ein Zitat.

ich möchte keine richtige Rede halten, sondern euch einige Sätze eines von mir sehr verehrten Professors vortragen, der nicht reimte, sondern oftmals Ungereimtes von sich gab, was sich dann aber verflüchtigte und irgendwie doch hängen blieb.

„Oft hat man etwas gesehen und nicht gehört. Oft hat man etwas gehört und nicht gesehen. Oft hat man etwas gehört und gesehen. Oft hat man nichts gehört und gesehen. Manchmal hat man etwas dazu gesagt. Manchmal hat man nichts dazu gesagt. Manchmal hätte man etwas dazu sagen sollen. Manchmal hätte man dazu schweigen sollen. In allen Fällen war etwas da. Auf alle Fälle ist immer etwas da. Man kann danach suchen. Man kann darauf warten. Man kann bleiben.

Von sich weggehen – oder mit sich weitergehen.

Man kann nicht bleiben wollen. Man kann weggehen von etwas, Man kann weggehen von sich. Man kann sich einholen, sich nachholen und mit sich weitergehen. Man kann der Zeit Zeit lassen, man kann der Zeit keine Zeit lassen wollen. Man

Für andere Zeit haben.

kann sich selbst Zeit lassen, und man kann für andere Zeit haben und dadurch Zeit gewinnen. Man kann sich selbst keine Zeit lassen und dadurch Zeit verlieren. Man kann vor- und rückwärts gehen. Man kann im Zurückgehen zu etwas hinkommen. Aber außerdem kommt immer etwas auf uns zu.“
(Fritz Vahle)

Anknüpfung: gemeinsam weitergehen.

Ich freue mich, dass ihr euren Weg bis hierher schon gegangen seid, gehen konntet und hoffe auf eine Zukunft für euch!

Ein damaliger Trauzeuge spricht

Zeit: 2 bis 4 Minuten

Liebe Martina, lieber Fritz, liebe Gäste,

Aufhänger: Metapher der Ehe als „Boot".

Euer Segelboot „Ehe" hat einige Male geschlingert, doch in eurer kleinen Kajüte, die mit euch immer gleich voll besetzt war, konntet ihr wieder auf Tuchfühlung gehen und keiner von euch musste beweisen, welch' ein guter Schwimmer er ist.

Die Geographie der Beziehung.

Die Ecken eurer Insel heißen Huks: Markelsdorfer Huk, Krummsteert, Strukkamp Huk, Wulfener Hals und Staberhuk; auch Nicht-Fehmaraner haben jetzt sogleich bemerkt, das wir hier zwei Nicht-Huks haben, die habt ihr bis heute erwählt um eure Streitereien und Liebeleien auszutragen. Krummsteert für die Streitereien und Wulfener Hals für Liebeleien.

Rückblick: Dank an das Segelboot.

25 Jahre habt ihr geschafft und eigentlich hätten wir dieses Jubiläum auf der Ostsee feiern müssen, denn ich denke, wenn ihr jemandem danken könnt für eure Ehe, dann eurem Segelboot, d. h. eurer Leidenschaft für diesen Sport und eurem Verstand, eurer Liebe zum Wasser.

Zukunftswünsche und Toast.

Ich freue mich, dass ihr nie richtig seekrank geworden seid, und wünsche euch für die nächsten 25 Jahre immer eine Handbreit Wasser unter dem Kiel.

Prost, und einen für „Hein"!

Rede des Ehemanns

Zeit: 2 bis 4 Minuten

Liebe Claudia, liebe Gäste,

Lebensweg des Redners: dem Herzen folgen gelernt, dank meiner Frau.

Mit fünfzehn wandte ich mich dem Lernen zu, mit dreißig hatte ich festen Grund. Mit vierzig hatte ich nicht mehr so viele Zweifel. Mit fünfzig kannte ich meinen Willen und konnte meinem Herzen folgen, besser als je zuvor, und dies hat einen Grund. Besser ausgedrückt, es gibt einen Menschen, eine Frau, der ich all dies mitzuverdanken habe. Einer Frau, die nie aufgehört hat, an mich zu glauben, die mich selbstlos unterstützt hat und mir immer wieder in den dunklen Momenten des Lebens Mut zugesprochen hat. **Ohne dich, liebe Claudia, wäre vieles in meinem Leben nicht möglich gewesen**, ohne deine Liebe, unsere Liebe, hätten wir nicht geschafft, was wir geschafft haben.

Ohne dich wäre vieles nicht möglich gewesen.

Dafür möchte ich dir danken und mit Goethe sagen: „Glücklich allein ist die Seele, die liebt."

Dank an die Gäste.

Euch, meine lieben Freunde, danke ich, dass ihr keinen Weg gescheut habt und heute mit uns zusammen dieses schöne Fest feiert.

Ansprache der Ehefrau

Zeit: 2 bis 4 Minuten

Lieber Claus, liebe Gäste,

Gedicht als Hauptteil.

Du bist mein Nächster,
Du bist mir der Verwandte,
zu dem mein Leben immer einen Weg fand.
Du bist meine feste Burg,
Du bist mein Bogen,
dessen Saiten ich auch überspannen kann.
Du bist der,
in dem ich mich nie geirrt habe.
Du bist zusammen mit mir
der immer noch Werdende.
Du bist der,
der mich immer noch und immer wieder
glücklich macht.
Du bist meine Liebe,
nach all den Jahren,
immer neu, jeden Tag.

Anknüpfung: Du bist mein Nächster – Verantwortung füreinander übernehmen.

Liebste Freunde, jede Beziehung birgt gegenseitige Verpflichtungen und wir haben sie füreinander übernommen. Der Talmud sagt: „Wer ist weise? Der von jedem Mensch lernt. Wer ist reich? Der mit seinem Teil zufrieden ist. Verachte keinen Menschen und halte kein Ding für unmöglich."

Dank an Gäste und Ehemann.

Ich werde weiter danach leben und danke euch und dir, lieber Claus, für unsere gemeinsamen Jahre.

Reden zur goldenen Hochzeit

Was für die silberne Hochzeit gilt, gilt noch mehr für die goldene: Es lässt sich auf eine lange Ehegeschichte und, nach 50 Jahren, auf mehr als ein halbes Leben zurückblicken: „50 Jahre, und nur wenige Tage davon getrennt, ein Leben, eine Ehe, die euch geprägt haben."

Rede eines Sohnes

Zeit: 3 bis 5 Minuten

Liebe Mutter, lieber Vater, verehrte Gäste,

**Die Lebens-
geschichte des
Paares.**

50 Jahre, und nur wenige Tage davon getrennt, ein Leben, eine Ehe, die euch geprägt haben. Geprägt hat euch aber auch eure Heimat Borgeby. Dies liegt nicht weit von Lund, noch näher an Flädje, der südlichsten Landschaft Schwedens, die Skaane heißt und lange den Dänen gehörte. Skaane zeichnet sich durch grünes Weideland aus, auf dem überall schwarz und weiß gezeichnetes Vieh steht. Dort feiert man gern Feste, Gäste sind immer willkommen und werden fürstlich bewirtet, ansonsten ist man ein wenig wortkarg. Dieses Land habt ihr vor fast 30 Jahren verlassen, ihr bautet euch hier an der deutsch-dänischen Grenze eine neue Heimat auf, zwischen den Deichen, auf dem ererbten Hof von Tante Fine, Gott habe sie selig.

Landwirtschaft: harte Arbeit im Stall und auf dem Feld. Die Jahreszeiten haben euren Rhythmus bestimmt, das Vieh war oft wichtiger als alles andere, es war die Lebensgrundlage, wie Vater immer sagte. Urlaub war euch ein Fremdwort, in all den Jahren habt ihr euer geliebtes Borgeby nur fünfmal besucht.

**Die Beziehung:
Liebe, Vertrauen
und stummes
Verstehen.**

All dies konnte nur funktionieren, weil ihr noch eine andere Grundlage hattet, eure Liebe, euer Vertrauen. Immer wart ihr füreinander da, vieles, was man hätte sagen können, brauchtet ihr nicht aussprechen, denn ihr dachtet beide irgendwie dasselbe. Oft fragten wir uns, wie machen sie es. Wenn wir fragten, bekamen wir die Antwort: „Wir sind aus demselben Holz geschnitzt." Ihr seid es, ihr gehört zusammen, dies ist ohne Zweifel richtig. Hervorhebenswert ist trotzdem die Zärtlichkeit in eurer Wortkargheit. Es sind die liebevollen Blicke, die es bis heute gibt, die eigentlich immer da sind, das Wissen um den anderen. Etwas anderes, was euch sicherlich auszeichnet, ist euer Humor, er liegt direkt unter der Oberfläche; viele mussten lernen damit umzugehen. Ihr habt es geschafft, ihr wurdet auch hier an der Westküste angenommen, bis heute seid ihr die alten Schweden und man zollt euch Respekt.

Lob des Paares. Dank an die Eltern: „Ihr habt uns Liebe gegeben".

Auch wir wollen euch heute Respekt erweisen für 50 Jahre Partnerschaft, Liebe, ein gemeinsames Leben, das viele Sturmböen überwunden hat. Ihr habt uns Liebe gegeben, habt uns ein Verhältnis zum Land, zur Natur vermittelt und beigebracht, was es ist, eine Heimat zu haben, die ihr uns geschaffen habt.

Der Überraschungsgast.

Eine kleine Überraschung haben wir noch für euch. Damals, d. h. vor 50 Jahren, als ihr im frühromanischen Dom zu Borgeby geheiratet habt, traute euch ein Pastor, der ebenso alt war wie ihr. Er war ein Freund, ein Weggefährte aus der Kindheit, einer der wenigen, die schon früh weggingen und studierten. Wir haben ihn aufgetrieben, eingeladen und er ist gekommen. Välkommen, Ingmar Johanson!

Eröffnung des Festes, Zukunftswünsche und Toast.

Liebe Freunde, wir möchten jetzt ausgelassen feiern: essen, trinken und tanzen. Euch, liebe Eltern, wünschen wir, dass ihr euch weiterhin in Liebe begleitet.

Zum Wohl!

Rede einer Tochter

Zeit: 2 bis 4 Minuten

Liebe Mutter, lieber Vater, liebe Gäste,

Gedicht als Einstieg: 50 Jahre verheiratet.

Gott grüß dich, schöner Tag und Stund',
Wo zum ewigen festen Bund
Geschritten wird zu dem Traualtar,
Dies glücklich treu vereinte Paar.

Gott segne Euren Ehestand,
Seine starke Vaterhand
Schenk' euch den Segen allezeit
In Eurer trauten Häuslichkeit.

Und heute über fünfzig Jahr,
Da frag' ich, wie es bei euch war,
Und hoff', ich hör' es aus Eurem Mund:
Wir waren glücklich bis zur Stund'.

Anknüpfung: „bis zur Stunde glücklich". Zukunftswünsche

Liebes Brautpaar, ich weiß, dass ihr bis zur dieser Stunde glücklich miteinander seid, ihr habt es immer wieder betont und nicht nur dies, man merkt es euch an, man sieht es.
    Ich wünsche euch für die nächsten Jahre weiterhin Gesundheit und dass die Liebe hält, damit wir auch die diamantene Hochzeit gemeinsam begehen können.

Toast.

Liebe Gäste, ich möchte Sie jetzt bitten, meine Eltern, zusammen mit mir hochleben zu lassen. Hoch sollen sie leben…

Rede der Schwiegertochter

Zeit: 3 bis 5 Minuten

Liebe Eltern,

Zitat als Motto: Liebe aus Freiheit.

„Liebe ist ganz aus Freiheit gemacht, kein Muss richtet da etwas aus." *(Hans Kasper)*

Die Beziehung: sich gemeinsam weiterentwickeln. Vertrauen und Geheimnisse.

Ihr habt aus Liebe geheiratet. Die Liebe ist der Grundstein eurer Ehe. Früh habt ihr begriffen, in einer schweren Zeit, dass Liebe allein nicht reicht, ihr habt daran gearbeitet. Wir Jüngeren fragen mit Ehrfurcht: „Wie macht man das?" Vater, du gabst eine einfache Antwort: „Du musst die Liebe genauso weiterentwickeln, wie du dich selbst entwickelst!" Hört sich einfach an, doch wir alle wissen, dass es nicht leicht ist. Zur Liebe gehört Vertrauen, das man täglich aufbringen muss, und, wie du, Mutter, immer sagst, auch ein Restgeheimnis. Lächelnd erzähltest du mir neulich in der Küche, dass du die Geheimnisse deines Mannes liebst. Dies hat mich sehr beeindruckt. Dahinter steckt die Bereitschaft, zu vertrauen, und eine Art von Humor, Dinge auch einmal leicht zu nehmen.

Ihr habt es geschafft, und sicher habe ich jetzt viele Eigenschaften, die zu einer guten Ehe gehören, vergessen aufzuzählen. Doch das Wesentlichste konnte ich sagen und ich möchte auch anderen Rednern noch Raum lassen.

Gratulation und Zukunftswünsche.

Jetzt möchte ich euch noch einmal von Herzen zu eurer goldenen Hochzeit gratulieren. Ich hoffe und wünsche euch, dass wir noch viele solcher Feste feiern können.

Ansprache eines Enkels

Zeit: 3 bis 5 Minuten

Liebe Oma, lieber Opa,

Noch 'ne Rede? „Ein ganz starker Wunsch, euch etwas zu sagen."

es kommt mir so vor, als wenn alle schon alles gesagt haben, was ich auch sagen will... Ich versuche es trotzdem, denn es treibt mich ein ganz starker Wunsch, euch etwas zu sagen, an diesem tollen Jubiläumstag.

Dankbarer Rückblick: Leben mit den Großeltern.

Den Kinderschuhen bin ich entwachsen, dank euch entwuchs ich Ihnen sorgenfrei, denn ihr habt oft die Hand für mich ins Feuer gelegt. Es scheint die Macht des Alters zu sein, dass Großeltern freier sind als die eigenen Eltern.

Viel Zeit verbrachte ich bei euch und das tat ich gern. Nicht, dass die Atmosphäre zu Hause schlecht gewesen wäre, nein, aber ihr strahltet immer Ruhe und Gelassenheit aus. Immer hattet ihr ein offenes Ohr und sehr oft einen guten Ratschlag.

Liebe vorgelebt.

Die Liebe, die ihr mir schenktet und die ich bei euch wahrnahm, prägte mich zusätzlich. Schon zu Hause erfuhr ich durch den liebevollen Umgang von Mutti und Papa, was es heißt, zu lieben. Doch es war sehr schön, zu sehen, dass auch zwischen für mich schon sehr alten Menschen Liebe herrscht. Ich fand es immer toll, wenn du, Opa, nach Hause gekommen bist und die Oma mit einem zärtlichen Kuss begrüßt hast. In all den Jahren hörte ich zwischen euch nie ein böses Wort, sicher manchmal schimpftet ihr aufeinander, aber es war immer liebevoll, so kam es mir vor. „Opa ist heute *manoli*", sagte Oma oft, was soviel hieß wie: heute spinnt er.

Offene Ohren für Probleme.

Auch als ich älter wurde, konnte ich euch meine Probleme anvertrauen, ich hatte nie das Gefühl, dass ihr zu alt sein könntet, um mich zu verstehen, ganz im Gegenteil, ihr schient einfach mit der Zeit zu gehen. Dies hat mich stark beeindruckt. Immer hatte ich den Eindruck, ihr wisst genau, zu was ihr mir ratet.

Dank

Dafür möchte ich an dieser Stelle auch einmal von Herzen Dank sagen.

Zukunftswünsche

Für eure Liebe, die ich über alle Massen bewundere, wünsche ich euch Glück, möget ihr eure Aufmerksamkeit füreinander nie einbüßen und vor allem: Bleibt so gesund und bitte behaltet euren Humor, denn ich denke, der hat euch oft über schwere Zeiten hinweggeholfen. Ein bisschen *manoli* zu sein, ist Klasse. Ich liebe euch!

Ein Freund des Jubiläumspaares spricht

Zeit: 2 bis 4 Minuten

Liebe Wilhelmine, lieber Alexander,

Rückblick auf 50 Jahre Glück und Liebe. Lob des Paares: euere Freundschaft ist ein Geschenk.

ihr habt im Laufe der letzten 50 Jahre Zufriedenheit, Glück und Ruhe in euch, in eurer Partnerschaft, in eurer Liebe, die eure Ehe ist, gefunden. Dazu kann man nur gratulieren, von Herzen. Euer gastliches Haus ist für viele von uns, gar so viele sind leider nicht mehr unter uns, eine Art Tankstelle gewesen. Bei euch wurde man immer wieder aufgebaut, man tankte Energie, um wieder rauszugehen ins Leben. Nie wieder habe ich Vergleichbares mit einer solchen Intensität wie bei euch erfahren. Die Freundschaft, und zwar zu beiden von euch, ist ein ganz großes Geschenk.

Liebe gegen Widerstände verteidigt.

Ihr habt Kraft ineinander gefunden. Eure Liebe baut auf Vertrauen auf. Etwas, was für die damalige Zeit gar nicht so selbstverständlich war: Ihr habt aus Liebe geheiratet. Ihr habt schon sehr früh füreinander gekämpft, denn eure Eltern waren erstmal gar nicht so angetan von eurem Wunsch, sie versuchten, euch auseinander zu bringen. Es ist Ihnen nicht geglückt, und ich freue mich sehr darüber, dass sie noch erleben konnten, welch ein Fehler es gewesen wäre; zum Glück haben sie ihren Fehler eingesehen.

Liebevolle Adoptiveltern.

Da es euch nicht möglich war, eigene Kinder zu haben, setztet ihr euch immer wieder für Adoptionskinder ein. Ihr habt so drei Waisen ein liebevolles Zuhause geschenkt.

Rückblick: ein ungewöhnliches Leben.

Überhaupt war vieles in eurem Leben ungewöhnlich, vielleicht machen diese Nebenwege eure Stärke aus. Der Kampf hat immer zu eurem Leben gehört, sicher hat er auch eure Liebe stark gemacht.

Ich möchte nur noch einmal mehr betonen, wie wunderbar es ist, euch als Freunde zu haben.

Zukunftswünsche

Für die nächsten Jahre wünsche ich euch weiterhin so viel Erfolg und vor allem uns eine tolle gemeinsame Zeit.

Dankesrede des Ehepaares   Der Ehemann spricht

Zeit: 2 bis 4 Minuten

Liebe Familie, liebe Freunde,

Zeit zu danken. nach den vielen Glückwünschen, euren heiteren wie feierlichen Reden zu unserer goldenen Hochzeit möchten wir nun die Zeit nutzen, um zu danken.

Dank an die Gäste. Es freut uns, dass ihr so zahlreich erschienen seid, um mit uns diesen Ehrenglückstag zu begehen. Ihnen, liebe Frau Bürgermeisterin, danken wir besonders, dass Sie sich, bei Ihrem vollen Terminkalender, die Zeit genommen haben, und natürlich auch für Ihre lieben Worte. Ich kann mir allerdings gar

Würde dich sofort wieder heiraten. nicht vorstellen, dass es heute wirklich 50 Jahre sind. Und ich würde zwar nicht alles genauso wieder machen in meinem Leben, aber ich würde dich, liebe Elisabeth, sofort wieder heiraten und gleich noch mal 50 Jahre drehen.

Dank für Beistand in schweren Zeiten. Ja, liebe Kinder, liebe Enkel, liebe Freunde, wir sind überwältigt von eurer Herzlichkeit; danken möchten wir euch an dieser Stelle auch dafür, dass ihr uns in schweren Zeiten immer wieder zur Seite gestanden habt. Nun, heute ist ein Freudentag, und mein Freund Helmut, Bäckermeister seines Standes, hat mir die Freude gemacht, meine Frau noch einmal mit unserer Hochzeitstorte zu überraschen, bevor wir hoffentlich weiterhin ein fröhliches Fest begehen.

Toast Erhebt nun bitte alle mit mir das Glas, um auf die Liebe und auf die Freundschaft zu trinken, denn diese beiden Dinge sind wohl die wichtigsten Dinge in unserem Leben. Zum Wohl!

Weitere Ehejubiläen

Von der hölzernen bis zur Gnadenhochzeit

Eine „Diamantene Hochzeit" feiert das Ehepaar am 60. Hochzeitstag. Dies ist ein Jubeltag, und es gibt im Gegensatz zu anderen Jubiläen keine nationalen oder gar regionalen Unterschiede. Dagegen ist man sich in Deutschland nicht einig über das Jubiläum der so genannten „Eisernen Hochzeit". Es gibt Bundesländer, sogar Landstriche, die hier unterschiedliche Zeitpunkte ansetzen. Möglichkeiten, die „Eiserne Hochzeit" zu begehen, gibt es nach 65 Jahren, nach 70 und in manchen Gegenden sogar erst nach 75 Jahren. Üblich ist in den meisten Bundesländern, nach 70 Jahren die „Gnadenhochzeit" feierlich zu begehen. Eine ausführliche Tabelle finden Sie am Ende des Buches.

Neben diesen sehr seltenen Ehejubiläen geben viele Eheleute aus Anlass der „Hölzernen Hochzeit", also nach fünf Jahren, eine Fest. Eine Rede erfreut selbstverständlich auch die Paare, die ihren 10., 15. oder 20. Hochzeitstag begehen.

Rede des Vaters zum fünften Hochzeitstag

Zeit: 2 bis 4 Minuten

Liebe Jutta, lieber Hermann,

Rückblick: schon fünf Jahre durchgehalten.

fünf Jahre, wer hätte es gedacht. Ich jedenfalls gehörte vor kurzem noch zu denjenigen, die es nicht für möglich gehalten hätten. Dass ihr mich eines besseren belehrt habt, freut uns daher alle sehr.

Liebe und persönliche Freiheit verbinden.

Miteinander umgehen, unsere Generation hat sicherlich davon noch andere Vorstellungen als eure Mittdreißiger-Gemeinde. Wir freuen uns also, dass ihr auch immer wieder mit großen räumlichen Trennungen, wenn einer von euch wegen seines Berufes im Ausland weilt, so gut zurechtkommt. Eine Freude ist es auch zu sehen, wie unsere Enkel, eure Kinder gedeihen. Von euch habe ich im Besonderen gelernt, was es heißt, Liebe und persönliche Freiheit miteinander zu verbinden. Einen

Lob des Schwiegersohnes: perfekter Hausmann.

Schwiegersohn zu haben, der heute Hausmann ist, konnte ich mir vor zwei Jahren noch nicht vorstellen. Lieber Hermann, nachdem ich gesehen habe, wie großartig du neben deiner schriftstellerischen Arbeit den Haushalt und eure Kinder versorgst, bin ich überzeugt, dass es auch so gehen kann. Ja, ich achte es sogar! Jutta hatte schon als kleines Mädchen einen

Lob der Tochter und des Paares.

Dickkopf und wie sich zeigt, meine liebe Tochter, den hast du immer noch. Dass du deinen lieben Mann an der Seite hast, der dir vieles ermöglicht, macht mich stolz auf euch beide.

Toast

Liebe Freunde, als ein Überzeugter dieser Ehe möchte ich auf unser Jubliäumspaar anstoßen und hoffe, dass wir uns alle nach weiteren fünf Jahren zur Rosenhochzeit wieder sehen. Zum Wohl!

Rede eines Freundes zum zehnten Hochzeitstag

Zeit: 3 Minuten

Liebe Lisa, lieber Sebastian, liebe Freunde,

Der Anlass für diese Feier.

wir treffen uns heute, um die Rosenhochzeit dieses unkonventionellen Paares zu feiern.

10 glückliche Jahre: Liebe, ohne sich einzuschränken.

Die Ehe hat diese beiden Menschen nicht verändert, sie leben gemeinsam und haben sich, soweit ich dies mitbekommen habe, nie eingeschränkt. Eigentlich ist dies kaum zu fassen, umso mehr möchte ich es heute hervorheben. Zehn Jahre, meine Lieben, und ihr habt euch weiterentwickelt, miteinander und auch allein. Ihr habt uns allen gezeigt, das ein Eheversuch funktionieren kann, ich – und sicher schließen sich eine Menge Gäste an – bin stolz auf euch. Ihr habt Wort gehalten, ihr begleitet einander, setzt euch ein für euch und andere, und wisst um den täglichen Kampf, den eine Beziehung fordert.

Eine Liebe, die gewachsen ist.

Das Schönste ist wirklich eure Liebe, die gewachsen zu sein scheint, nicht weniger geworden ist. Dafür gibt es ein Bild, das mich letzte Woche rührte, ich kam zum Grillen und ihr saßt plaudernd und Händchen haltend in Liegestühlen im Garten. Die Vertrautheit machte mich neidisch aber auch glücklich, mögen diese Stühle als Symbol stehen, dass ihr noch sehr lange so nebeneinander sitzt und euch noch länger so viel zu erzählen habt, wie an diesem frühen Abend.

Ermutigend, dass es Glück gibt.

Meine Lieben, es war und ist eine Freude, wenn man sieht, dass es Glück gibt, dass man schwere Stunden meistern kann.

Toast

Jetzt, liebe Freunde, wollen wir Lisa und Sebastian, ihre Liebe, hochleben lassen… Zum Wohl!

Rede einer Freundin zum 15. Hochzeitstag

Zeit: 3 bis 5 Minuten

Liebe Marie, lieber Rolf, liebe Gäste,

**Ein Gedicht,
das die Beziehung
charakterisiert.**

Voll Blüten

Voll Blüten steht der Pfirsichbaum,
Nicht jede wird zur Frucht,
Sie schimmern hell wie Rosenschaum
Durch Blau und Wolkenflucht.

Wie Blüten gehen Gedanken auf,
Hundert an jedem Tag –
Laß Blühen! Laß dem Ding den Lauf!
Frag nicht nach Ertrag!

Es muss auch Spiel und Unschuld sein
Und Blütenüberfluß,
Sonst wär die Welt uns viel zu klein
Und Leben kein Genuß.
(Hermann Hesse)

**Anknüpfung:
Liebe und
Vertrauen zählen,
nicht Ertrag.**

Diese Zeilen von Hesse beschreiben eure 15 Jahre so treffend,
dass es schwer fällt, sie zu ergänzen. Oft habe ich Zweifel auf-
ziehen sehen, wenn es keinen Ertrag, keinen Konsens zwischen
euch gab, aber ihr hattet immer Gottvertrauen. Dies habe ich
bewundert. Es ist das tiefe Gefühl, das euch verbindet, an das
ihr glaubt. Möget ihr weiterhin von eurem Vertrauen und eurer

Zukunftswünsche.

Liebe zehren, ich wünsche es euch von Herzen.

Toast

Auf euer Wohl!

Rede des Sohnes zum 20. Hochzeitstag

Zeit: 3 bis 5 Minuten

Ihr Lieben,

Zitat als Einstieg: Liebe und Zufall.

„Nicht die Notwendigkeit, sondern der Zufall ist voller Zauber. Soll die Liebe unvergesslich sein, so müssen sich vom ersten Augenblick an Zufälle auf ihr niederlassen wie die Vögel auf den Schultern des Franz von Assisi." *(Milan Kundera)*

Anknüpfung: die Zufälle gepachtet. Rückblick auf das Leben mit den Eltern.

Die Partnerschaft: Freiheit und Liebe.

Der größte Plan war eine Familie.

Ihr habt die Zufälle gepachtet, liebt euch und ich freue mich darüber sehr; denn so lernte ich den Zauber kennen. Den Liebeszauber, den ihr bis heute, auch 20 Jahre nach dem Jawort, verbreitet. Eure Beziehung ist älter als ich und Judith alt sind. Wir denken immer nur an die nahe Zukunft, ihr wart immer in der Lage, auch weiter zu denken, für uns und für euch. Immer wart ihr Mutter und Vater, aber nie habt ihr aufgehört, Partner zu sein, Selbstverständlichkeiten gibt es, aber eigentlich, kämpft ihr immer um eure Liebe, um eure eigene Freiheit, die ihr euch erhalten habt. Eure Pläne habt ihr verfolgt, der größte Plan waren drei Kinder. Als Veit und Falk kamen, war unsere Freude groß, nun waren es vier Kinder. Sicher machten wir euch bei vielen Plänen einen Strich durch die Rechnung, aber es gab selten ein böses Wort; es gab Kritik, die nie sinnlos war, auch wenn ich zur Einsicht etwas Zeit brauchte.

Dank für die vorgelebte Liebe.

Zukunftswünsche.

Das größte Geschenk, das Eltern einem machen können, ist, wenn sie einem glaubhaft vorleben, was es heißt, zu lieben. Dafür ist es auch einmal Zeit, Dank zu sagen und euch zu wünschen, dass die Liebe hält, ihr ein altes Liebespaar werdet; so werden wir jetzt versuchen, euch einen Kanon zu singen... Für euch, von Judith, Veit, Falk und mir.

Rede eines Kindes zum 60. Hochzeitstag

Zeit: 5 bis 7 Minuten

Liebes Diamantenes Hochzeitspaar, liebe Gäste,

Ein seltenes Jubiläum.

60 Jahre sind vergangen, ein Ehejubiläum, das in unserer Zeit nicht mehr so häufig vorkommt. Ich freue mich für euch, dass ihr bei bester Gesundheit seid und wir heute ordentlich feiern können.

Rückblick: Liebe in schweren Zeiten. Krieg und gemeinsamer Aufbau einer Existenz.

Ihr blickt auf eine Ehe zurück, die in schwerer Zeit begann, eine Ehe, die viele Höhen und Tiefen erlebt hat. Eine Hochzeitsreise konntet ihr euch nicht leisten, denn Vater musste kurz nach der Hochzeit zurück an die Front. Mutter saß zu Hause und bangte um Vater. Eure Liebe suchte sich den Weg über die Feldpost, jeden Tag, wirklich jeden Tag, liebe Freunde, schrieben sich die beiden einen kurzen und manchmal auch einen langen Brief.

Aus dem Krieg zurück, begann für beide ein Leben, das Aufbau hieß. Ihr gründetet euer Handwerksunternehmen, Vater immer unterwegs zur Kundschaft und Mutter zu Hause im Büro. Eine neue schwere Zeit, eine in der ihr immer wieder bewiesen habt, wie stark ihr seid, denn jeden Kampf habt ihr aufgenommen. Ihr wusstet, dass ihr mit euch zufrieden sein müsst, und nicht die Nachbarn oder andere.

Wirtschaftswunderkind gezeugt, Haus gebaut ... Tiefes Glück zu viert.

Dann nach einer Weile des „Übens" ein großes Glück, wie ihr immer berichtet habt, ein Kind. Ich wurde geboren. Es waren die Jahre des „Wirtschaftswunders"; das Geschäft lief, ich wuchs heran und ihr bautet ein Haus. Neben der Arbeit blieb für eure Hobbys wenig Zeit, trotzdem wart ihr bemüht, uns in den Turnverein zu bringen, uns eine Kindheit zu schenken, die ihr selbst sicherlich vermisst hattet. Denn mein

Bruder war geboren, eine Tochter und ein Sohn, euer Glück war perfekt. Etwas, was ihr euch und uns immer geschenkt habt: Jedes Jahr im Herbst fuhrt ihr mit uns in die Ferien; diese Urlaubserinnerungen sind uns Vieren nicht nur eine schöne Erinnerung, sondern ein tiefes Glück.

Mit großer Liebe füreinander und für die Kinder alle Lebensziele verwirklicht.

Probleme, wenn es denn welche gab, löstet ihr auf eure eigene Art, lange Streitphasen in eurer Ehe gab es nicht, oder ihr habt sie gut vor uns verborgen. Euer Lebensziel hieß die Firma und Kinder, denen ihr alles schenken konntet. Ihr habt es verwirklicht und dies mit einer großen Liebe füreinander und für uns. Wir, Peter und ich, hoffen, dass wir euch ein wenig von euer Liebe zurückgeben konnten und können. Eure Ehe hat nicht nur gehalten, sondern eure Liebe hat Bestand.

Zärtlichkeit nach 60 Jahren Ehe.

Es ist großartig, wenn man eure gegenseitige Zärtlichkeit entdeckt, es sind oft die kleinen Gesten, ein wissendes Lächeln, eine zugeworfene Kusshand... und dies meine lieben Freunde nach 60. Jahren. Wir freuen uns für euch, und wir sind sehr stolz, dass wir eure Kinder sind, denn so tragen wir die Hoffnung, dass auch wir in unseren Lebensgemeinschaften etwas von Dauer aufbauen können.

Toast

Liebe Mutter, lieber Vater, jetzt möchte ich mit euch anstoßen und alle bitten, aufzustehen und unser Diamantenes Brautpaar hochleben zu lassen.

Euch Gesundheit und eine nicht endende Liebe!

Rede eines Freundes zum 65. Hochzeitstag

Zeit: 3 bis 5 Minuten

Meine liebe Gerda, lieber Richard, liebe Gäste,

ich habe Worte für euch ausgesucht, die ihr sicher erkennt.
Sie entstammen der Feder unseres Lieblingsautors, des Ungarn
Sándor Márai:

Zitat: Frage nach dem Wohin des Lebens.

„Manchmal hat man zu antworten, in unvorhersehbaren und
unaufschiebbar schicksalhaften Augenblicken des Lebens: hat
zu antworten, auf alles. Wer bin ich? Was habe ich vor? Gegen
wen, für wen will ich sein im Leben? Warum? Mit welchen
Fähigkeiten, Instrumentarien, Mitteln, mit welchem geistigen
Rüstzeug? Und was das wichtigste ist: mit welchem Ziel? ...
Und antworten, auf alles: Wie weit bin ich? Habe ich noch
Reserven an Opferbereitschaft, Selbstlosigkeit, oder will ich nur
noch Restbestände bewahren und retten? Das ist der Augenblick im Leben, da man zu antworten hat. In dem eine Antwort
erwartet wird, die Stille ist groß, dramatisch. Doch dann
erfährst du, wirst du gewahr, dass man auf solche Fragen nicht
mit Worten, sondern nur mit dem Leben antworten kann."
(Sándor Márai)

Antwort auf die Frage durch ein gemeinsames Leben. Dank und Zukunftswünsche. Toast.

Ihr habt geantwortet, antwortet noch immer, jeder für sich
und gemeinsam. Ihr lebt euer Leben und dies gemeinsam seit
65 Ehejahren, dies ist eine Freude, die ich kaum beschreiben
kann. Ich freue mich, dass ich euch habe begleiten dürfen.

Euch Gesundheit und weiterhin eine glückliche Zeit.
Zum Wohl!

Zitate, Hochzeitsverse, Ehejubiläen

Ihre Rede kann auf einem Zitat oder
einem Hochzeitsvers aufgebaut werden;
manchmal fehlt nur ein Wort, ein Zitat
oder ein Vers, um Ihre Rede lebendiger
und echter zu machen.

Vielleicht finden Sie in dieser Auswahl
ein passendes Zitat.

Gelegenheiten, ein Ehejubiläum zu
feiern und die entsprechende Rede zu
halten, gibt es mehr als man denkt. Dies
zeigt Ihnen die Liste der Ehejubiläen.

Liebe und Ehe auf den Punkt gebracht

Drum binde sich, wer nicht
ewig prüfen will.
Gerd Uhlenbruck

Liebe ist das einzige, was
nicht weniger wird, wenn
wir es verschwenden.
Ricarda Huch

Das ist die wahre Liebe,
die immer und immer sich
gleich bleibt, wenn man
ihr alles gewährt, wenn man
ihr alles versagt. *Johann
Wolfgang von Goethe*

Richtig verheiratet ist
der Mann, der jedes Wort
versteht, das seine Frau
nicht gesagt hat.
Alfred Hitchcock

Liebe ist der Wunsch, etwas
zu geben, nicht zu erhalten.
Bertolt Brecht

Die große Kunst in der Ehe
besteht darin, recht zu
behalten, ohne den anderen
ins Unrecht zu setzen.
Käthe Haack

Die Ehe ist kein Fertighaus,
sondern ein Gebäude, an
dem ständig konstruiert
werden muss.
Jean Gabin

Vertrauen ist Mut und
Treue ist Kraft.
*Marie von Ebner-
Eschenbach*

Die begründete wie die
unbegründete Eifersucht
vernichtet diejenige Würde,
deren die gute Liebe bedarf.
Gottfried Keller

Hochzeitsverse

Wo keine Liebe,
ist auch keine Wahrheit.
Und nur der ist etwas,
der etwas liebt.
Nicht sein und nichts lieben,
ist identisch.
Ludwig Feuerbach

Blumengruß

Der Strauß, den ich gepflücket,
Grüße dich vieltausendmal!
Ich habe mich oft gebücket,
Ach, wohl eintausendmal,
Und ihn ans Herz gedrücket
Wie hunderttausendmal!
Johann Wolfgang von Goethe

Wenn du sprichst,
Wacht mein buntes Herz auf.

Alle Vögel üben sich
Auf deinen Lippen.

Immerblau streut deine Stimme
Über den Weg;

Wo du erzählst, wird Himmel.

Deine Worte sind aus Lied geformt,
Ich traure, wenn du schweigst.

Singen hängt überall an dir –
Wie du wohl träumen magst?
Else Lasker-Schüler

Ehejubiläen

Das Brauchtum in den verschiedenen deutschen Landesteilen unterscheidet 20 Hochzeitsjubiläen voneinander.

Über die regionalen und volkskundlichen Unterschiede klärt Sie jedes Standesamt auf. Auch ein Blick ins Internet unter www.ehejubiläen.de kann Aufschluss geben.

1	Baumwollene Hochzeit nach 1 Jahr
5	Hölzerne Hochzeit nach 5 Jahren
6,5	Kupferne Hochzeit nach 6 $\frac{1}{2}$ Jahren
8	Blecherne Hochzeit nach 8 Jahren
10	Rosenhochzeit nach 10 Jahren
12,5	Nickelhochzeit nach 12 $\frac{1}{2}$ Jahren
15	Gläserne Hochzeit nach 15 Jahren
20	Porzellanhochzeit nach 20 Jahren
25	Silberne Hochzeit nach 25 Jahren
30	Perlenhochzeit nach 30 Jahren
35	Leinwandhochzeit nach 35 Jahren
37,5	Aluminiumhochzeit nach 37 $\frac{1}{2}$ Jahren
40	Rubinhochzeit nach 40 Jahren
50	Goldene Hochzeit nach 50 Jahren
60	Diamantene Hochzeit nach 60 Jahren
65	Eiserne Hochzeit nach 65 (je nach Region 60, 75) Jahren
67,5	Steinerne Hochzeit nach 67 $\frac{1}{2}$ Jahren
70	Gnadenhochzeit nach 70 Jahren
75	Kronjuwelenhochzeit nach 75 Jahren